幸せに生きられる
ZENホメオパシー4

カルマとインナーチャイルド
［BOOK］

由井寅子
Hom.Dr.Hom.／Ph.D.Hom.
HMA名誉会員MHMA・MARH（認定ホメオパス）
日本ホメオパシー医学協会名誉会長

目次

■本書は、2019年8月11日に行われた、由井寅子によるお盆特別講演『カルマとインナーチャイルド』の講演録をもとに、加筆、編集したものです。

■本文イラスト：橋本美里

■はじめに

皆さま、おはようございます。このお盆のお忙しい中、お越しいただきありがとうございます。

私はイギリス、オーストリアから帰って来てまだ3日目で、時差ぼけで頭がぼーっとしてですね、気が遠くなりそうな感じです。今、ヨーロッパは夜であります。とても眠いです。でも、やらせていただきたいと思っております。

私がカルマとインナーチャイルドについて講演しようと思ったのはですね、患者さんが「なんという人生だ」「なんで自分ばかりこんなに苦しいんだ」と私に訴えるのですよ。25年以上もホメオパスをしていると、いろいろ言われるのです。

そういう患者さんの多くが、重いカルマを持っていることが後でわかりましてね。苦しむことで、カルマの支払いをしているんだとわかったわけです。その重いカルマは、前世で自分が作ったものだったり、先祖のカルマだったりします。自分で志願して、先祖のカルマを引き受け、生まれる人もいます。それは非常に心が、魂が清らかだからこそ、受

け取っていくことができるのですね。
ですから、「苦しむことで、カルマを支払っているのですよ。魂を磨いて魂を成長させているんですよ。それは尊いことなのですよ」と患者さんに言うと、今まで「死んだ方がいい、こんな苦しい人生だったらもう生きていてもしょうがない」「不公平だ、理不尽だ」と言っていた患者さんのほとんどが、般若心経・祝詞をやりますか？　というと「やる！」というのです。私はすごく嬉しかった。
なぜこんなに苦しい人生なのか？　その理由がわかって、解決方法があることが、患者さんにとって希望となるんですね。そして、苦しみがきてもそれに耐えて、受け取っていく力ができます。

魂の成長という視点があると、全ての苦しみは無駄じゃない、意味のあることだとだんだんわかってきて、乗り越えていけるんですね。

ですから、全くの原因不明の病気や、辛く苦しいだけの人生だったとしても、それを肯定的に受け入れ、感謝をもって一生懸命生きられるんだということを伝えたいと思ったのです。

そして、一心に心経・祝詞を唱えることで、カルマでさえ、浄化させることができるのだということを伝えたいと思ったのです。

■苦しみとは？

さて苦しみというのは何でしょうか。苦しみとは思い通りにならないことです。

苦しみが生じるには、ふたつの条件があります。

①「こうしたい」という意志の流れがあること。

②「こうならない」意志の流れをせき止める障害があること。

「こうしたい」という意志の流れは価値観から生じます。

価値観には、この世的価値観と霊的価値観の2種類があります。

①この世的価値観は、善悪のある価値観で、人間のもつ価値観です。

②霊的価値観は、ご神仏さまの価値観で、悪のない価値観です。

この世的価値観、霊的価値観の詳細は、『インナーチャイルドの理論と癒しの実践』（ホメオパシー出版）をお読みください。

この世的価値観は善悪のある価値観ですから、この世的価値観をもっている以上、悪

（障害）が生じ、意志の流れがせき止められてしまいます。

意志の流れが障害によってせき止められると、意志が凝集し渦を作ります。この凝集した意志の渦が感情であり、苦しみです。意志は願いであり、意志が凝集した感情は、強い願いであり、満たされない欲です。「こうしたい」「こうであらねばならない」と願っているのに、人や自分、出来事が思い通りにならないことで、願いが欲となって、苦しみが生じるのです。

たとえば、『優秀であることが善』というこの世的価値観をもっている場合、まあ、皆さん誰でももっていますけれど、「優秀になろう」とする意志の流れが生じます。だけどテストで30点とっちゃった。そして、親に「駄目だなお前は」と言われちゃいます。そうすると30点が障害となり、意志の流れがせき止められ、悲しみ・恐れ・怒り、いずれかの感情が生じます。

自分は駄目だ、えーん、悲しい。許して。

自分は馬鹿かもしれない、怖い。助けて。

自分は悪くない、テストの問題が悪い。腹立たしい。こんなテスト捨ててしまえ。

あるいは、こんなテストに価値はないと逆ギレする。

『テストの問題が悪い』とか『こんなテストに価値はない』と怒ったところで、対抗価値観で駄目な自分を守ろうとしているだけです。怒りがある以上、テストの結果に囚われているのです。「テストでいい点をとることには価値がない」と言いながら、その奥には「テストでいい点をとることには価値がある」と信じている自分がいるのです。

ほんとうにテストでいい点をとることに価値はないと信じていたら、30点をとって親から駄目だなと言われても、感情は生じないはずです。怒りがあるということは、その奥には、優秀でない自分に直面することへの恐れがあるのです。そしてその恐れ

苦しみとは何か？　思い通りにならないこと

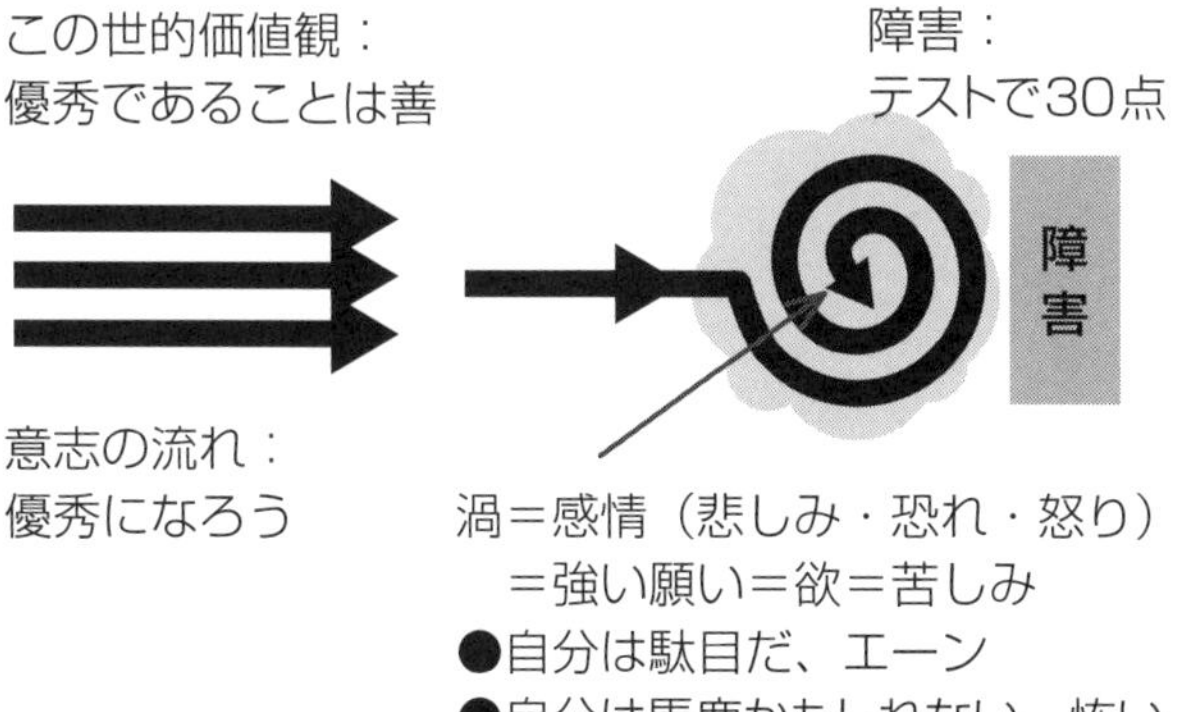
●自分は馬鹿かもしれない、怖い
●自分は悪くない、問題が悪い

は、『優秀であることが善』という、この世的価値観から生じるのです。

■感情の役目

感情の役目はなんだと思いますか？　感情は思い通りにならない状況で生じ、思い通りにしようと行動するための原動力になります。

思い通りにならないから苦しい。思い通りにならないのは障害があるから。だから、障害をなくし、思い通りにし、苦しみをなくそうと行動する原動力として、感情があるのです。

感情が生じるとすごく苦しいですよ。だから楽になりたくて行動するわけですね。

感情の種類によって、障害のなくしかたが違います。

①悲しみ…自分は駄目だけど許してもらうことで、障害をなくす原動力です。

許されたら障害はなくなりますよ。「30点でもいいよ」って言ってもらえたら、30点は障害になりませんよね。泣くというのは、許されるための悲しみの感情表現なのですね。

だから子どもは一生懸命泣くんですよ。許されたくて。子どもが泣いたら許してあげなきゃいけない。何があってもです。許されないとどうなるか、インナーチャイルドとなって、一生、駄目な自分を抱えて生きることになってしまいます。

感情は、思い通りにするために存在する

「悲しみ」泣いて許されることで障害の強度が弱くなり、意志の流れが障害を突き抜ける

「恐れ」努力して障害を乗り越える

「怒り」怒って障害を打ち倒す

②恐れ…自分は駄目だから、努力して駄目ではない自分になって、障害を乗り越える原動力です。

恐れというのは、頑張るための原動力です。なぜ頑張るのか？ 駄目な自分を許してもらえなかったからです。テストで30点をとったことが許されなかったから、頑張っ

てテストで１００点をとって障害を乗り越えるしかないですよね。自力で障害を乗り越えるしかないわけですよ。怖いというのは、否定されるのが怖いんですね。テストでまた30点をとってしまったら、親から否定される、愛してもらえなくなるから、怖くて頑張るんです。

③怒り…対抗価値観で戦い、障害と考える価値観を打ち倒すことで、障害をなくす原動力です。

怒りというのは、頑張れなくなったとき、駄目な自分を守るための方法です。頑張れなくなったとき、自力で障害を乗り越えられない、つまり、自分は駄目だと認めるしかなくなります。でも自分を駄目と認めることは、怖くてとてもできない。親に愛してもらえなくなるからですね。じゃあどうするか。自分は悪くないことにするのです。「自分は悪くない」となると、他に原因を見つけなければなりません。そうしてあれが悪い、これが悪いと、原因を自分以外に見つけようとします。

30点が自分のせいじゃないとなったら、障害は消え、苦しみも消えます。

あるいは対抗価値観でテストの点数に価値はないとしたら、障害は消え、苦しみも消えます。

これで万事解決のように思いますが、そうはいかないんですね。

あれが悪い、これが悪いと言いはじめると、新しい苦しみが生じることになります。

「算数30点でなにが悪い、俺、スポーツすごいもん」こんな感じです。「算数なんかできなくていい」といった価値観があると、算数ができる人に対して怒りの感情をもってしまう。算数できることがそんなにすごいのかよと。このような生き方をしていたら、苦しくなってしまうでしょう。

■感情を我慢するとどうなるか?

このような、悲しみ・恐れ・怒りの感情を我慢するとどうなると思いますか。

我慢しても苦しみはなくなりませんよ。

だから苦しみを感じないように、潜在意識に沈めていきます。そうすると、心では苦しみを感じなくなりますが、体で苦しみを感じるようになります。それは、重い感じ、冷たい感じ、熱い感じ、痺れ、痛み、不快感、違和感など、感覚異常になっていくんです、感情が。おもしろいですね、皆さん。あなたは悲しかったのにそれを我慢すると、体が痺れたり、あなたは怒っていたのにそれを我慢すると、体に痛みが出たりとか、心の感情が、体の感覚に移っていくんですね。

そうして、やがて、慢性疲労症候群とか、自己免疫疾患や癌とか、治り難い病気になってしまいます。

体の問題というのは、潜在意識に沈んだあなたの感情、未解決な感情が作り出すことが実に多いのです。未解決な悲しみ、未解決な恐れ、未解決な怒り、それがずっと潜在意識で存在し続けているから、体が病気になっていくのです。それは体からのメッセージです。未解決な感情、我慢した感情がありますよ、早くその感情を解放してくださいということです。体は何も悪いことをしていないのに、いつも心の負の責任をとらされていてとてもかわいそうです。

この未解決な感情、未解決な苦しみをインナーチャイルド（インチャ）といいます。

■未解決な苦しみ（インナーチャイルド）が存在すると何が起こるか―その1

未解決な苦しみ（インナーチャイルド）が存在することで、苦しい出来事が生じます。
現在の苦しみの多くは過去の未解決な苦しみから生じています。苦しんでいるインチャが現在の出来事に過去の苦しみを投影して、苦しみを感じているからです。

上司に「お前は駄目だな。足し算もできないのか」と言われたとします。すると、

やっぱり自分は駄目だ、悲しい。

頭が悪いことがばれてしまう、怖い。

たまたままちがっただけじゃないか、腹立たしい。

このような感情（苦しみ）が生じます。

しかし、上司に対するこうした感情は、小さい頃に我慢した、親に感じた感情だったりします。今、感情が出ているけれども、これは過去の我慢した感情ではないかと分離することはとても大事です。

過去に我慢した感情があったら、そのときの感情を表現させてあげます。

小さい頃、親に駄目出しされたときの悲しみがあったら、あのときは悲しかったねって、

自分で自分に共感し、いたわってあげます。怒りがあったら、あのときはほんとうに腹が立ったよね、怒って当然だよって言ってあげ、怒りを表現させてやるようにします。

このようにして、イメージで我慢した感情を表現させてあげます。我慢した感情を表現させ、イメージの中で感情に基づく行動をさせて、思い通りにならなかった出来事を思い通りにすることで、未解決な苦しみを解決できます。

我慢した感情を表現させてあげるというのは、とても大事です。書き出してもいいです。そして、障害を取り除くイメージをすることで、インナーチャイルドを癒すこ

インナーチャイルドとは？

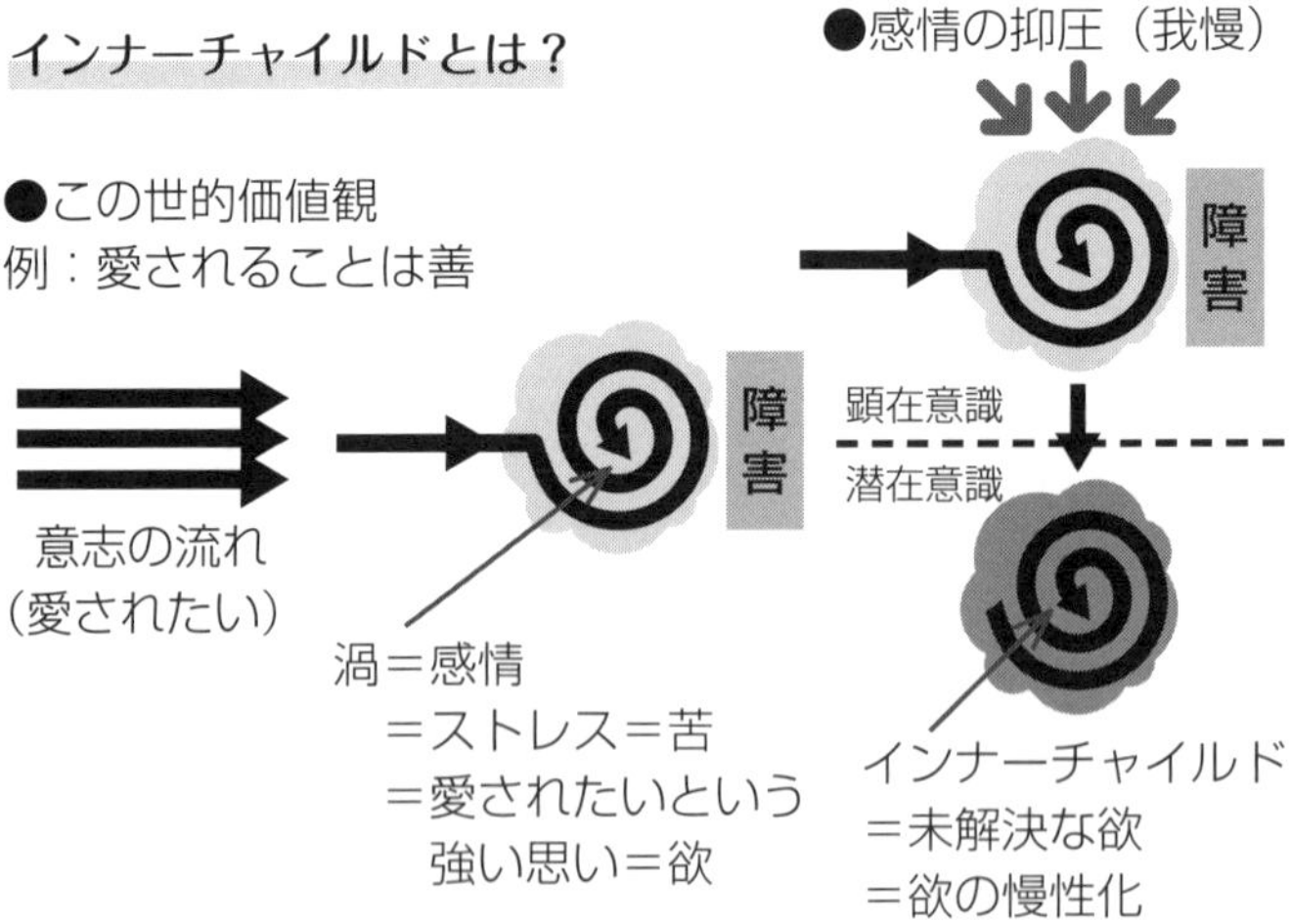

とができます。

我慢した感情を表現させてあげると言っても、現実の親に我慢した感情をそのままぶつけるのではなくて、イメージの中で親に感情をぶつけたり、感情日記に書いたり、枕を叩いたりするのですよ。親に謝ってもらうイメージをするのです。リアルに、親に土下座させるわけじゃないですからね。

これがインナーチャイルド癒しというものです。イメージで、過去は書き換えることができるんですよ。ぜひやられてみてください。

■感情の表現の例

感情の表現の例として、テストで30点しかとれなかった過去をイメージします。

①悲しみならば、泣いて許しを求め、許されるイメージをします。悲しみのインチャの願いは許されることだから。

「テストで30点だった、頭が悪くてごめんなさい。お母さん、許して」と許してくれるまで謝る。そういうイメージをします。

「辛かったね、悲しかったね、責めてしまってお母さんこそ悪かったね。30点でいいよ、しょうがない。まちがったところを理解することが大事だからね」こんなことを言ってくれるようなイメージ。そういうお母さんを作り上げてください。

②恐れであれば、ぶるぶる震えて助けを求め、障害を乗り越え、褒められるイメージをします。恐れのインチャの願いは、助けてもらうこと、褒めてもらうこと、認めてもらうことだから、助けてもらうこと、褒めてもらうことで安心します。

鞍馬寺

「テストで30点だった、自分の頭が悪いんじゃないかと思うと、怖くてしょうがない。怖いよー、お母さん、助けて。勉強がわからないんだ」と助けを求めるイメージをします。

「怖かったね。辛かったね。大丈夫だよ。30点でも怒らないから。お母さんが勉強みてあげるから、一緒に頑張ってみよう。おっ、やればできるじゃない。この調子で頑張って」

「お母さん、テストで100点だった」

「すごい！　すごい！　よく頑張ったね。偉かったよ」

このように頑張ってできるようになった自分、そんな自分をお母さんに褒めてもらうイメージをしましょう。自信を取り戻すことができるでしょう。

③怒りであるなら、自分の価値を求めて、怒って相手を打ち負かすイメージをします。
怒りのインチャの願いは、相手を打ち負かし謝らせることです。
「お母さん、いちいち怒らないで、うるさい！　調子が悪いときぐらいあるんだよ」
「そうだね。調子が悪いときもあるよね。怒ってごめんね。お母さんが悪かった」
全部イメージですから、いくらでもできるよね、皆さん。どんどんやっていって自分を救ってくださいよ。ほんとうはそれをしたかったのに我慢してしなかったことが問題の根本ですから。

このように我慢した感情をイメージで表現してあげて、イメージで願いを叶えてあげることで苦しみがその分確実に減っていきます。そうすると現在の状況に投影することもなくなり、君を駄目だと言った上司に対して怒ることもなくなります。その上司に対する怒りは、ほんとうはお父さんへの怒りだったりすることが多いからですね。

苦しみのインチャがあると、現在の出来事に苦しみを投影し、苦しみが生じると言いましたが、苦しみを投影するような、同種の出来事が生じなければ、苦しみも生じず、そうすると苦しんでいるインチャに気づくことも、癒すこともできません。

インチャを苦しみのままに放置することになります。

あなたにインチャ（未解決な苦しみ）がありますよと気づかせるために、苦しんでいるインチャと共鳴し表面化するような出来事を、神さま仏さまが用意してくれます。

こうしてインチャがあると苦しみが生じるのです。でもそれは決して悪いことではないんですね。インチャを癒すためのご神仏さまからのありがたいプレゼントなのです。

たとえば、優秀になりたい、優秀インチャがあれば馬鹿にされるような事件が必ず用意されるわけです。馬鹿にされて怒ったら、ご神仏さまのテストに滑ったということです。何度も何度も君がそのテストに滑ったらね、やっぱり何度も馬鹿にされるんですよ。やっぱり気づいてほしいからですね。過去に馬鹿にされて我慢した怒りがあるということ。優秀になろうと恐れているインチャがあること。馬鹿にされて悲しんでいるインチャがいることに気づいてほしいからですね。

だから私は「人生は同種療法である」というのです。

同種療法のホメオパシーでは悲しみには悲しみのレメディー、ネイチュミュア（Nat-m.）、岩塩のレメディーを与えて、自分は悲しんでいるんだということを気づかせるようにします。

人生は同種療法であると認識することで、苦しみを肯定的に受け取り、乗り越えていくことができます。

馬鹿にされた過去の出来事を、おー、すばらしい！　と賞賛を浴びるイメージに書き換えて、喜んでいる姿をイメージして、インチャの願いを叶えてあげましょう。そうすることで優秀インチャが緩んでいって、優秀でなくてもいいと思えるようになってきます。

■未解決な苦しみ（インナーチャイルド）が存在すると何が起こるか―その2

さて、未解決な苦しみが存在することで何が起きるか、その2です。

体が病気になります。

体って何もしていないのに、心の未解決なものを必ず受け取らなければいけない。かわいそうだなと思います。体はいつも最終的に犠牲になります。

本来感情というのは、思い通りにならない出来事を、行動して、思い通りにするためにあります。

思い通りにならない出来事の代表が、生存の危機です。

みんな死にたくないからですね。

感情の起源は、生き延びるための行動をすることにあると考えています。

①山賊に襲われたら、恐れて逃げるよね。あるいは恐れて誰かに助けを求める。

②でも逃げられず、追い詰められて、悲しくなり、泣いて山賊に許しを求める。

③それでも襲ってきたら、発憤して戦うよね、怒りだね。

山賊に襲われたら、逃げたり、助けを求めたり、戦ったりしなければ、殺されてしまいます。このように、本来感情は生存の危機のために使うわけよ。でも君、今、山賊に襲われてないじゃん。今、熊に襲われてないじゃん。なのに悲しいんだよ。怖いんだよ。怒っているんだよ。不思議ですよね。

普通の人間は山賊ではないので襲っては来ません。食べようとしません。殺そうとしないのに、日常の中で、恐れ、悲しみ、怒りの感情が出るんですよ。それはなぜでしょう。

それは、誰もが生存の危機、それを感じた小さい頃のあなたがいるからです。誰もが生存の危機を感じているインナーチャイルドがいるのです。

実は、赤ちゃんや子どもにとって親から愛してもらえないということは、山賊に襲われるくらいの生存の危機なのです。特に赤ちゃんなんか動くこともできないのですよ。お母さんが愛してくれなかったら、あっという間に死んでしまうのです。赤ちゃんにとって親から愛してもらえないというのは、どれほどの恐怖かわかりますか。泣いてもお母さんがすぐ来てくれない。泣いても母乳をすぐもらえない。これだけでものすごい恐怖になるのです。ましてや赤ちゃんを叩いたり、泣いているのに長時間放置したら、それがどれだけのトラウマとなってしまうか。それだけで、絶望を感じてしまうのですよ。

完璧なお母さんなんていませんから、誰もが生存の危機を感じているインナーチャイルドがいるのです。その恐れのインチャが私たちの根底にあるからこそ、全ての問題が生じているのです。

そして3歳になって妹が生まれて、もうお姉ちゃんだからおっぱいあげないとか、もう触らないでとか、もう近づかないでと親に言われたときにも、やっぱり、山賊に襲われるぐらいの恐れを感じたはずなのです。

どんな感情も大元は死の恐怖がベースになっているというのがわかると思います。ですからこのお地蔵さまの瓶の厨子《ずし》の中に、私はアコナイト（Acon.）という死の恐怖に合うトリカブトのレメディーを入れているわけです。

そうして人は、愛されなかったために、愛されたいと強く願っているインチャが感情の大元としてあるわけですね。愛されない＝死です。赤ちゃんや子どもにとってはそのように感じるのです。その死から逃れようとする行為、泣いて許しを求める、泣いて助けを求めることを無視したり、叩いて黙らせたり、お兄ちゃんだから、お姉ちゃんだからといって我慢させてしまったら、それは「黙って死ね！」と言っていることと同じになってしまいます。心だけではなく、体にとっても大きなストレスとなります。

心においては、潜在意識レベルで死の恐怖を抱え続けることになります。常に不安を抱えた緊張型の子どもになっていきます。

また、死を回避するための爆発的な感情のエネルギーは体の内部に留まり続け、つまり体にストレスがかかり続け、チック（突発的かつ不規則に、体の一部をすばやく動かしたり、発声を繰り返す状態）とか爪噛みとか、肩や腰の痛みとして現れてきます。

これは感情を我慢するという行為がまちがっているので、カルマとなって体が受け取ったということです。

我慢するということは、自分を否定することです。あなたはほんとうは妹のように私も愛してよって思っているんだよ。でもお姉ちゃんだからぐっとこらえて「お母さん、洗濯物を干しておくよ」と言うようになっちゃった。これは、「私も妹のように愛してよ」と思っている自分を踏みにじること、苦しめること、粗末にすることです。

我慢することで自分を粗末にしたカルマを作ってしまうのです。

■カルマとは?

さて、カルマというのは、一般的には、行為が未来の苦楽の結果を導く働きのことをいいます。善悪の行為は因果の道理によって、後に必ずその結果を生むということです。善を為せば、後によいことが起こり、悪を為せば、後に悪いことが起こるということです。人を苦しめれば、後に自分が苦しむことになるし、人によくしてあげれば、後に自分によいことが起きるということ。これは自然の摂理ですね。

感情を我慢することで体が病気になるように、自分に対する行為が正しくないと、悪いカルマとなってダイレクトに体に悪影響がいくようになっています。

たとえば寒いところに居続けるとそれがカルマとなって風邪を引きます。冷たいものを食べることは胃をいじめることですから、アイスクリームを食べ続けるとカルマとなって胃が悪くなって病気になります。夜更かしするなど、不摂生な生活を続けていたら、それがカルマとなって、行為の結果を受け取らなければならず、体が病気になります。病気になることでカルマを受け取り、病気になって苦しむことでカルマが解消されるわけです。病気になるとそうして行為がまちがっていることに気づくのです。辛いからね、体が、病気になると。

■なぜ正しくない行為をしてしまうのか？

なぜ正しくない行為をしてしまうのでしょう。それは、正しいと思っているからです。どんなに正しくない行為でも、やっている本人は、それが正しいと思ってやっているのです。

上司に不条理に嫌みを言われて、怒りたいけど上司だから怒れないじゃないですか。それは、怒るのは大人げないとか、上司に対して怒ってはいけないと信じているから、つまり、怒らないことが正しいと信じているから我慢するわけです。

上司に反抗するとクビになるので我慢したとしても、それはクビにならないようにする

人間は体と心と魂の三位一体の存在である

	魂	心	体
健康	霊的価値観 （全てを愛することが善 否定のない世界）	幸せ・感謝 （愛に満ちている）	元気 （活力に満ちている、 免疫が高い）
急性病	この世的価値観 （善悪がある世界 否定のある世界） 抑圧	感情 （ストレス、欲、苦 悲しみ、恐れ、怒り） 急性　抑圧	症状 （老廃物を排泄するため の熱、発疹、咳、下痢など） 急性　抑圧
慢性病	意志の抑圧 （インナーチャイルド） 例　愛されたいという 願いを抑圧	感情の抑圧 （インナーチャイルド） 例　愛されない悲しみを 抑圧	症状の抑圧 （臓器の機能低下） 例　腎臓の機能が 低下する

魂・心・体の関係

ことが正しいと信じているから我慢するわけです。

腹が立ったときに、相手を殴ってしまうとしても、殴る瞬間は、それが正しいと思って殴るわけです。

どこか深いところで正しいと思っている自分がいるから、行為できるわけです。

ですから全ての行為は自分が考える正しさから生じ、自分の日々の行為、何を言い、何を行動したかを顧みれば、自分が何を正しいと信じているかを知ることができます。

逆に言えば、どんなに高邁《こうまい》な理想をもっていたとしても、それが行為として現れていなければ、言うだけ番長になって

いて、その理想をほんとうには信じていないということになります。

そして自分の正しさから生じた行為の結果については、自分が受け取らなければならないのです。その行為、信念は正しいのか、正しくないのかを学習するのです。

たとえば、毎日浴びるようにお酒を飲んだならば、結果、肝硬変という病気を受け取らなければなりません。同じように感情をなんでも我慢し続けたら、その結果ストレスが溜まって胆のうの病気になってしまうでしょう。これらはみな行為の結果として病気になっているのです。


体にストレスを与えると体が病気になります。寒いところに居続けたら風邪を引くように。心にストレスを与えると心が病気になって、後に体が病気になっていきます。

魂にストレスを与えると魂が病気になり、心が病気になり、しまいには、体が病気になっていきます。

画家になりたいのに親が無理矢理、経理の仕事をさせた。そうすると魂がストレスを感じるのですよ。後に、すごく厄介な病気になることが多いです。

自分の体や心、魂にストレスを与えることは正しい行為でないということがわかりましたでしょ。正しくない行為をすることでカルマとなり、自分がその行為の結果を受け取って病気となり、苦しむことでカルマが解消されます。

もしカルマが解消されても、そこに気づきがなければ、なんのために病気になったかわかりません。それはもったいないことです。だから病気が治ったとしても再発することになるでしょう。なぜなら、再び正しくない行為を繰り返してしまうからです。

だから、ホメオパスは単に病気を治せばいいというものではありません。そして患者さんも、なぜお酒を飲まずにはいられないのか、なぜ何でも我慢してしまうのか。そういうことを考えていってほしいわけです。

■ある患者さんのケース

ある男性の患者さんの父親は、その男性と男性の姉を座らせて、ようするに、自分の息子と娘を座らせて、目の前でアイスクリームをおいしそうに食べ、一度も子どもたちに舐めさせませんでした。この患者さんは父親から、毎回それをやられていたそうです。

その患者さんはとてもおいしそうに幸せそうに食べる父の姿を見て「アイスクリームを食べることが幸せなんだ」という価値観をもってしまったことでしょう。また、さぞかし自分も食べてみたいと思ったことでしょう。お小遣いをもらうようになって真っ先にアイ

スクリームを買って食べたそうです。毎日30年間アイスクリームを食べ続け、そして胃がんになり手術をし、私のところへ来たのです。

だからこの人は、胃がんになってやっと、アイスクリームを食べ続けることは正しい行為じゃないとわかったのです。でもなかなか止められなくて、止めるのに2年間もかかったようです。アイスクリームは中毒になるって私も知りませんでしたけれど、そうだったのですよ。皆さん。大変だったのですよ、止めるのに。

この人は、胃がんになって、アイスクリームを食べることは正しい行為ではないとわかったとしても、アイスクリームを食べたいインチャがいるので、そのインチャの願いをイメージの中で満たしてやらないと、やっぱりアイスクリームを食べ続けてしまいます。「わかっちゃいるけどやめられない」です。

ですから、まずはこのインチャの願いを、イメージの中で満たしてあげることなんですよ。お父さんがいっぱいアイスクリームを舐めたら、じゃあ次はお前が舐めろ、次はお姉ちゃんが舐めろと、みんなで舐めるイメージをすればいいのです。このイメージができないと、いつまで経ってもアイスクリームを食べたがるのですよ。

そして今度は、アイスクリームを3本買ってきてくれた、1本はお前、1本はお姉ちゃん、

1本はわしが食べる。こんなイメージになったらいいね。

あるいはお父さんが、アイスクリーム10本入りの箱を持ってくるのね。そうして思う存分食べろというのね。そういうイメージもいいね。そうしたら、インチャも満足するでしょう。

インチャというのは我慢した感情、満たされない願いですから、インチャの感情の解放、インチャの願いを叶えてあげれば、インチャが苦しみを作り出すことはなくなります。

しかし、善悪のあるこの世的価値観を信じている限り、いつかその価値観で悪とされる障害が現れ、再び意志の流れがさまたげられ、苦しみ=感情が生じます。

苦しみの大元は、この世的価値観、魂の病気にあります。

やはり、「わかっちゃいるけどやめらない」となります。これは、頭だけの理解、大人の理解で、心の理解、インチャの理解にはなっていないということです。

大人が理解していても、インチャが信じているこの世的価値観があると、カルマを作り続けてしまうことになります。

インチャは、アイスクリームを食べることが体に悪いことだとはわからないのです。

インチャの願いをイメージで叶えてあげ、腹いっぱいアイスクリームを食べさせたら、次は、インチャにお腹をこわして苦しむ経験をさせることで、インチャの価値観を書き換えることができ、ほんとうの理解になるのですね。ここ大事ですよ。

ほらね、お腹を冷やすとこうやってお腹をこわすんだよっていうところにもっていきましょう。アイスを食べたところで、幸せにはなれないんだとインチャが理解することが大事なのです。

ところで、アイスクリームを食べるのは正しくないとは言いましたけど、みなさん、やっぱり食べたいですよね？　おいしいからですね。毎日毎日食べ続けるのでなければ、ときどき食べるのはいいんですよ。この講演を聴いて、子どもにもうアイスクリームを食べさせない！　なんてことになったら、それはそれで、私のカルマになってしまうので……。子どもたちの楽しみを奪ってしまうからですね。くれぐれもそんなことはしないでくださいね。よろしくお願いしますよ。

■この世的価値観の解放のしかた

さきの例でもわかるように、我慢した感情を解放しても、この世的価値を解放しないと、インチャを完全に癒したとはなりません。彼の場合はアイスクリームを食べることが幸せであるということの世的価値観がありました。彼は幸せになりたいんだよね。しかしはっきり言うけど、アイスクリームを食べることと幸せとは何の関係もないよ。私から言わせれば、ぼたもち食べるほうが全然幸せだわ。ぼたもち、好きだから。

では、この世的価値観の解放のしかたについて説明します。

たとえば、「優秀であることが善、役に立つことが善」という価値観はほんとうに正しいのか？

頭でその価値観は正しくないと考えても、その価値観で親から否定された子ども（インチャ）はその価値観を信じています。だから価値観を手放すって、そんな簡単なことじゃありませんよ。

どうしたら価値観を外すことができるか？

まず、その価値観で否定された出来事を思い出すようにします。価値観というのは、否定されたときに感染することが多いからですね。否定されて、自分は優秀でないから駄目、自分は役に立たないから駄目だと信じるのです。自分は駄目と信じるときに、この世的価値観を含めて信じるのです。

思い出さなければ、こんなことがあったのではないかと想像してみてください。そうして親、あるいは誰かから否定された出来事をイメージし、自分はその通り駄目であると自覚し、親に謝ってください。

何度も何度も謝って親が許してくれるイメージをしてください。30点しか取れないんだよ。ごめん、お父さん、僕はできない

ごめんなさい
許して……
いいのよ
そのままでいいの

んだよ。

自分に罪悪感があるならなおさら、イメージで謝ることによって罪悪感は明らかに減っていくでしょう。

まあ、私もいらん子、死んでくれたほうがよかったと言われましたからね。母ちゃん、ごめんね、都合が悪いときに生まれてね。父が死んで一家の大黒柱として働かなければならないのに、手間をとらせてごめんね。貧乏だったのにね、私が生まれたからまた食い扶《ぶ》持《ち》が減ったよね、ごめんね、ごめんね、生まれてごめんね。私は生まれてこんほうがよかった。死んだほうがよかった、ごめんね、ごめんね、ごめんねとずっと謝っていたの。そうしたらある日、母ちゃんがそこまで言わなくてもいいって。お前も家の子だから一緒に味噌汁飲もう、遠慮せずにお代わりしなって。そんな優しい母親が出てきたのですよ、あの鬼のような母親が、イメージの中で変わってくれた。謝るってすばらしいなと思いました。ぜひ、罪悪感があるなら、自分の存在そのものに罪悪感があるなら、その存在、生まれたことに対して腹の底から謝りましょう。ごめんなさい、生まれて来てと言いましょう。迷惑掛けてごめんなさいといっぱい謝ったら、どんなに鬼のような親でも必ず許してくれます。

許されることによって、「子どもは親の役に立たなければ価値がない」という信念、この世的価値観が緩んでいき、駄目な自分を自分で許せるようになり、駄目な自分に対する罪悪感が減っていきます。

だから母親にその点数でもよろしいと言ってもらう、お前は小さくて何の役にも立たないけれど、それでもいいって言ってもらう。それには、謝っていくしかないじゃないですか。どんな親でもね、暴力振るう親でもね、何十回か謝るとまあいいよ、いいよそこまで謝らんでもと言ってくれるようになります。私の体験だとそうです。ぜひやってみてください。

感情を解放し、正しくない価値観、信念を解放し、初めてインチャがほんとうに癒えて、正しくない行為をやめることができます。

インチャ癒しをしないと、相手も自分も責める悪しき行為を繰り返し、悪しきカルマが増えていってしまうのです。

■ケース1　網膜色素変性症（30代・男性）

この人は網膜色素変性症（網膜の視細胞が退行変性する眼科疾患。難病指定されている）を患っています。姉も同じ病気ですから、ここでカルマ的な背景があるのではないかと想像つくでしょ。ふたりともこうですからね。彼は鍼灸・マッサージ師をしております。どんどん、どんどん、目が見えなくなって。では見ましょう。ＤＶＤどうぞ。

〈ＤＶＤケース　1回目〉

［由井］あなたはどう視野狭窄をしているの？
［患者］中心に向かって視野狭窄が、先生のお顔だけ。
［由井］見えるのね。
［患者］見える感じですね。
［由井］今日は太陽が照っているからまぶしいだろう。
［患者］そうですね、やっぱりまぶしいと霧が掛かっているような感じ、白くて。

［由井］スケボーのときにあなた怪我したじゃない。それは後頭部を打ったのかね？

［患者］後頭部を打ちました。

［由井］おもいきり？

［患者］後頭部からもう、ジャンプをしまして、多分、上で気を失ってそのまま頭からドンといったんだと思うのです。

［由井］明らかに見えにくいなと思ったのは何歳ぐらいのとき？

［患者］感じだしたのはやっぱり中学校2年生、14歳ですね。そのときはなんか暗いところで、下足をみんな平気で入れたりしているんだけれども、こんなんで見えるのかな、それとも僕だけ見えにくいのかなと思ったのがはじまりでした。

［由井］お母さんが不倫したり出て行ったりしたじゃない。

［患者］はい。

［由井］その寂しいときに泣いたりしてたかね？　泣き切ったりしたかね？

［患者］そのときは全然泣けなくてですね。（悲しみを）押し殺して見ないようにしていたといいますか、その現実と向き合わなかったというか、忘れようと努力していました。

［由井］泣かなかったということがやっぱり、目に迷惑をかけたというのはそうだよね。

［患者］そうですよね。夜はほとんど姉と過ごしていました。父親が夜のタクシーの運転手をしていたので。

［由井］それも寂しくて恐ろしかったよね、不安だったよね。

［患者］そうだと思われます。

［由井］そういうことをしゃべれる人がいたかどうかだ。誰かしゃべったかね？

［患者］いや、いないですね。

［由井］そこがすごく大事なポイントだな。その頃はたぶんまだ目が見えていたはずなので。

［患者］そうですね。

［由井］お母さんが出て行ったことがすごく辛かったんだね。子どもだからね。そのときの気持ちを思い出して、寂しかったねって、ほんとうに辛かったなって、よう頑張ったなってまずは褒めて労ってあげないと。

家族であなたと同じような病気になった人はいないかね？

［患者］うちの姉だけですね。

［由井］だんだん目が見えなくなってきた理由ですけれども、母方10代前の女性のご先祖さまがいらっしゃってね。その人のカルマのようです。10代も先祖がいるのに誰もこのカ

ルマを受け取らなかったんだな。それをあなたとお姉さんで受け取ったみたいだね。母方10代前の女性のカルマを解消するために、あなた方がこの病気になったということ。

もうひとつ、求められている霊格に上がるために、やらなければいけない般若心経と祝詞があります。カルマをきれいにして自分の霊性を上げて、そしてレメディーがやっと効くようになるから。今の状態を受け入れ、今の状態でも幸せに生きるにはどうしたらいいかということを常に考えること。今の状態でＯＫです。今の状態で私は頑張っていきます、という覚悟がいるんだよな。

［患者］ありがとうございます。

［由井］足下気をつけてね。


〈ＤＶＤケース終了〉

私の導師にこの人の目の問題の原因を伺いました。母方10代前の女性が搾取して多くの人々を苦しめたようです。家族がてんでばらばらになったとか、自殺したり死んだ人も多くいたようです。それを、10代も経っているのに、誰もそのカルマの清算をやっていないという状況で、やっと彼とお姉さんが受け取ったということです。

カルマって悪事を働いた本人が受け取るものでしょ？　どうして子孫が受け取らないといけないの？　と思うじゃないですか。でもこの10代前の女性は、カルマが重すぎて成仏できないのですよ。死んでからずっと、３００年ぐらいでしょうか、未だに地獄にいて苦しんでいるのですよ。

カルマというのは、肉体をもって生まれて、この世で苦しむことではじめて清算できるのですね。だけど地獄にいるから、肉体をもって生まれ変わることもできないわけです。そうなると誰かがその人のカルマを背負ってあげなければ、いつまで経ってもその人は成仏できないし、生まれ変わることもできないということです。

じゃあ誰がそのカルマを背負うのか。やっぱり子孫が背負うしかないんだね。

でも、10代にわたって、俺やらない、私やらないとみんな受け取らなかった。そりゃそうですよね。いくらご先祖さまのカルマといっても、辛く苦しいことを受け取りたい人なんてそうそういませんからね。

だから、この人とお姉さんは偉かったよね。私たちがやりますって手を上げて受け取ったのですから。

ご神仏さまから、いずれ失明することになるけどいいかって聞かれてですね。いいですって答えたんでしょうね。だからとても清い魂をもっているんですね。でも生まれると魂は引っ込んで、心で生きるようになってしまうので、高い志は忘れてしまって、肉体の不便さを感じると何て人生だと思ってしまうんですね。だけど、その困難を受け取るだけの力があるんですね。

苦しみを受け入れることで、魂が成長し、霊性が向上していくのです。全ての人は霊性を向上させるためにこの世に生まれます。だから多かれ少なかれ人生に苦しみは付きまといます。苦しみのない

人生なんてあり得ません。

だからこの人たちも、先祖のカルマの支払いという目的もありますが、この目が見えなくなるという苦しみを受け入れるという課題ももって生まれてきたと思うのです。

じゃあ、ほんとうに目が見えなくならないといけないのかというと、そういうわけではありません。まずカルマの支払いは、苦しまなくても、般若心経を唱えたり、善行をすることで清算できます。カルマを清算することで進行が止まることがあります。これはまちがいのない事実でした。

ただ、本人が、目が見えない状態を受け入れることで、霊性向上を果たすという目的をもっている場合、そう簡単には進行が止まりません。人は簡単には目が見えなくなる状態を受け入れることはできないからですね。やっぱり葛藤に次ぐ葛藤があるはずなのです。だからこそ乗り越えるに値するんですね。だからこそ生きるに値する人生なんですよ。それがわかるまでこの人の苦しみはなくならないでしょうし、進行も止まらないでしょう。

神さまから求められている霊格も非常に高いので、霊性を上げないと目はよくならないということですね。カルマの解消と霊性向上の両方の課題が彼にはありました。

私はこの人にレメディーを指示し、般若心経と祝詞をやるよう話をしました。

広目天の梵名「ヴィルーパークシャ」は「特殊な力をもった目」を意味する

奈良県 華厳宗大本山
東大寺大仏殿「広目天」像

ご神仏さまもこの人を応援してくれていて、この人には、広目天さまがついてくれていました。どうして目の問題がある人に広目天さまがつくのかなって思うのですけれどね。目が見えないながらも鍼灸もできますし、新幹線も乗れますし、なかなかやれるんですね。

ZENホメオパシーの指示は、次の通りです。

まず随時は、肝臓のサポートです。目と言えば肝臓です。目と肝臓はとても関係があります。ところがこの人はお酒が大好きで、酒をよく飲むんですよ。肝臓によくないですね。それから、母親が出て行ってしまって、ものすごい怒りがあったと思うけど、我慢したのでしょう。それも肝臓によくないです。3人いる彼の子どもにも、よく怒っているようです。

朝はカルカーブ（Calc.）、牡蠣の殻のレメディーです。「まるで自分に不幸が起こるような不安」を常に感じている人に合うレメディーです。自分に不幸が起こるような不安は、信仰心の不足からきている部分もあるでしょう。信仰心が不足していると骨が弱くなったり歯が弱くなったりしますが、それはカルカーブの特徴でもあります。

昼はリシン（Lyss.）、狂犬病のレメディーです。攻撃性と同時に絶望がある。このふたつを両方もっている場合は、リシンが合うでしょう。また強い性欲という特徴もあります。

夜はコナイアム（Con.）、毒ニンジンのレメディーです。目が見えなくなるんじゃないかという不安をもっていて、物が明るく見えてまぶしい人にとても合います。性欲を抑えることで悪化すると

◎　ケース1-1の処方　◎

朝　：カルカーブ（Calc.／牡蠣の殻）
　　　信仰心不足、まるで自分に不幸が起こるような不安
昼　：リシン（Lyss.／狂犬病ノゾーズ）
　　　半攻撃性、絶望
夜　：コナイアム（Con.／毒ニンジン）
　　　目が見えなくなる、物が明るく見えすぎる
随時：φ肝臓サポート
　　　肝臓＝目と関係の深い臓器

いう特徴も合っています。
このように随時、朝・昼・夜とレメディーを指示し、とってもらいました。
そうしたらどうなったか、2回目お願いします。

〈DVDケース2回目〉

[由井] どうだったかね？ レメディーをとって。
[患者] なんかいろいろ変化がありまして、20数年ぶりに夜空の星が見えまして。
[由井] よかったね、きれいやっただろう。
[患者] いやもう、久しぶりに見えたので嬉しかったです。あんなにきれいなのはほんとうに20何年ぶりなので。
[由井] よかった、よかった。ひとえにあなたが般若心経、祝詞もやってくれているというのもあったからね、神さま、味方してくれたね。
[患者] 2月にこちらに来て、お世話になって、最初の1カ月目ぐらいのまぶしさがすごくよくなったのです。あと暗闇でもちょっと枕が薄暗く、ここにあるんだなというのがち

ょっとわかりまして。
[由井] それはまあ、あなたにとって多少、希望にはなったんだね？
[患者] なりました。すごい変化だなと思いました。前回こちらの部屋でこちらのまぶしさで先生のお顔、全然見えなかったのですけれど、今、見えるのですよ。
[由井] 筋肉が動くということがわかったので、これを聞いたら。あんな大きな事故でも目の視神経のところが壊れてないじゃん。麻痺していないからこれはいいやと思って。
[患者] 前回、先生が、10代前のご先祖さまのカルマを引き継いだとおっしゃられて、生まれる前に、自分が引き継ぐと言って生まれてきたということを先生に教えてもらいまして、そこから、なんかこうやっぱ、プラス思考になれたというか。
[由井] そう、だいたいね、霊的なことを私がいうのは、あなたの姉さんもそうだけれど、視野狭窄になった理由がわからなかったら、希望も何もないじゃない。わかったらやる方法があるじゃない。10代前の人が、あこぎなことをしていじめたんだったら、それに対して、この母方10代前の先祖のカルマをどうかお許しくださいと。私がここに声帯がありますから声帯を振るわせて般若心経をやらせていただきますって、代わりに。これが善行になるんだよ。だけどさ、じゃあ10代の間にいた人たちは、何で受け取らなかったんだとな

るじゃない。でもこの先祖の方々がいたから君もいるんだよね。
[患者] そうですね。
[由井] そう思ったら受け取って、やらざるを得ないと。その優しい君の魂、お姉さんの魂は偉かったよね。
[患者] ありがとうございます。
[由井] それを自分がやる気で来たなって。
[患者] はい、そう思います。
[由井] 思ったら、自分は偉いなと思えるだろ。
[患者] 思えますし、やり方もいままでわからなかったですし。
[由井] でもわかったものね。現代医学ではね、君の病気は治らないと言われているわけじゃないですか。それがこう霊的なことをやったらこうやって治っていく。そうしたら、レメディー、それからインチャ、この3つを一緒にやったらこうやって楽になっていくというのがわかったろ?
[患者] そうですね。うちの父がうちの近所に住んでいるんですけれど、僕が中学のときに離婚して……。今、父親にこういうことを話すと、頑張れよみたいな感じで言ってくれ

て。父も幼い頃に父母を亡くしているものですから、ずっとお経は唱えているのです。
[由井] すばらしい。この人はね、お母さんから聞いてさ、ろくでもない人だと思ったかもしれないけれど、実はすごい、すばらしい人なんだよ。長い間さ、父親を誤解していたんじゃないの?
[患者] そうですね。
[由井] これから和解していったらいいよ、近くにいるんだし。
[患者] それが先生、この2カ月で、(父親と) ものすごく仲よくなりまして。
[由井] ほー、よかった。
[患者] いろんな話ができまして、こんなことがあった、あんなことがあったと言ったら「それは先祖が守ってくれているんだよ」と言ってくれて。こんな風に話をしたのはほんとうに初めてでした。
[由井] すばらしい、そうか、よかったな。
[患者] よかったです。
[由井] それで君は自分自身に大きなトラウマがあったというのを理解しているかな。
[患者] 母親が男性と行ったときに、残されて、自分の悲しみとかに気づかずにきていた

ような気がするというか、インチャ癒しを寝る前にやるようにしてます。

［由井］涙は出んかったかね？

［患者］こぼれそうになるんですけれど……

［由井］ぐっとこらえちゃうんだな、まだ。

［患者］出てはきているなというのはあります。すごくいろいろ変化があったので。先生のおかげです。


〈DVDケース終了〉

1回目で結構いい結果が出て、嬉しいですね。原因がわかると、やるべきこと、進むべき方向がわかりますからすごく大切だと思っています。次に彼に与えたのは、胆のうのサポートです。多くの怒りをこらえて我慢すると胆うのがやられますので、胆のうサポート。朝に1回目と同じカルカーブ（Calc.）牡蠣の殻のレメディーを出しました。

昼に今度はバリオライナム（Vario.）天然痘のレメディーですね。自分の頑張りを褒めて欲しい、認めて欲しいという人に合います。彼の両親はもっと彼をほめる必要がありましたね。十分ほめてもらえないと、ほめてほしいというインチャができてしまいます。

夜にストロモニューム（Stram.）チョウセンアサガオのレメディーを指示しました。物が歪んで見えてしまう。眩しい、失明に合うレメディーです。

華岡青洲《はなおかせいしゅう》（江戸時代の外科医）が世界で初めてチョウセンアサガオから麻酔薬をつくって、乳がんの手術をしています。今から４００年も前のことです。すばらしいね。レメディーにすると、逆に麻痺しているところを刺激し、動くようになってきます。

奥さまからメールをいただきました。

◎　ケース1-2の処方　◎

朝　：カルカーブ（Calc.／牡蠣の殻）
信仰心不足、まるで自分に不幸が起こるような不安

昼　：バリオライナム（Vario／天然痘）
自分の頑張りを認めてほしい

夜　：ストロモニューム（Stram／チョウセンアサガオ）
歪んで見える、まぶしい、失明

随時：φ胆のうサポート
多くの怒りをこらえた、我慢した

〈2018年8月18日　奥さまからメール　一部抜粋〉

主人の変化はほんとうに大きく、今まで私からは主人に話せないことや頼れないことが多々あったのが、ほとんど何でも話せ、相談できるようになりました。子どもに怒ることもありますが、こういう理由でいらいらしてしまったと説明してくれるようになりました。子どもたちもお父さん変わった！　と驚いています。

毎日、神棚とご先祖さまに手を合わせることも欠かさず、集中して頑張る姿も尊敬せずにいられません。眼のことで今まで腐っていたのが、前向きになり、自分で受けたことと一生懸命に祈っているのは、先生のお導きと感じています。

また、やろうとも思えなかったことに対して、やってみよう！　と気力が生まれたように感じます。夕暮れ時にボールあそびをしようと言い、私はこの薄暗さでは無理ではないかと思ったのですが、最後まで楽しくボール遊びをして帰ってきたときは驚きました。

主人の話では、見えるようになったからできるようになったというよりは、見えにくいことを受け入れ、見えないなりにやろうと思えるようになった。前向きな気持ちがさまざまな行動の変化をもたらしているのでないかということでした。

いま私は妊娠していますが、私の母はこの妊娠を祝福してはくれず、「私は一切手伝わない」と言いました。主人は私の母に電話して「お母さんやっぱり手伝いに来てください」とお願いしてくれたのです。その優しさと行動力にほんとうに驚き、嬉しかったです。主人が私を守ってくれていると感じました。主人が母と私を改めて繋いでくれました。母は手伝ってくれることを了承してくれ、協力すると言ってくれました。

いま、夫婦でお互いを尊重し、大事にして、生きられるようになり、ほんとうに幸せです。

先生との出会い、ご指導にほんとうに感謝しております。ありがとうございます。

・・・

〈DVDケース3回目〉

［患者］最近、あのインチャコースのeラーニングコースを今日、朝、毎日見ているのですけれど、朝、毎日見るという気持ちが整ってきたら便がよくなった気がしました。

［由井］だから君はこういうところがすごく頑張り屋なんだよな。決めたらやるんだよね。あなたは、怒りはどうかね？

［妻］怒るときは怒りますけれど、私の母が来てくれて、そうしたら昨日主人のことをすごい変わったねって。結構ばしゃんと怒っていたけれど、何か変わったねってしみじみ言われて。

［由井］それはひとえにインチャ癒しをやり、霊性向上をやるから、変わってくるんだよ。

［妻］で、怒ったとしてもその後フォローする。自分で。

［由井］それ大事。

［妻］こういう理由で怒っちゃったからごめんねって子どもの背中をなでて。

［由井］すごく大事。

［妻］そうだったのって子どもが。

［由井］こうやって忙しい中、子ども3人いるのによう来てくれた。
［妻 ］ありがとうございます。
［患者］ありがとうございました。失礼します。

〈DVDケース終了〉

そしてまた奥さまから、2カ月後ぐらいにメールがきました。

〈2018年10月3日　奥さまからメール〉

・・・・・・・・・・・・・・・・・・・・・・・・・・・・・・・・・・・・・・

由井先生
昨日夜9時前に無事、自宅出産を迎えることができました。
本格的な陣痛がきてからは2時間半で、家族とともに、幸せ一杯でできました。
先生、心から御礼申し上げげます。

・・・・・・・・・・・・・・・・・・・・・・・・・・・・・・・・・・・・・・

〈2018年10月6日　由井よりメール〉

・・・・・・・・・・・・・・・・

○○様

おめでとうございます。

そうですか、たったの2時間半で産まれましたか、よい子ですね。

そしてほんとうに安産でよかったですね。

あなたの家にまたひとつ命が舞い降りてくれましたね。

夫婦で力を合わせ、なるべく子ども一人ひとりの魂の個性を活かし、子育てをしてください。

新しい家族が増え、更に忙しくなると思いますが、そのなかでもお互いが自分のためにも時間を取ってあげ、ご自愛ください。

夫婦円満のコツは、インチャでものを言っているかを探り、きつい物言いを許すのです。いがみ合うときは相手のよい所を見る努力をしましょう。

忙しく余裕がないときにインチャが出て来ますので、それはそれで、いつかは出てこなければなりませんので、よいことなのです。

どれだけ相手を許せるかによります。

許せる範囲が増えると同時に愛が増えていますね。

この子たちを幸せにするためにも、お父さんお母さんが今以上に、幸せを増やしていきましょう。

インチャ癒しと信仰心が鍵となるでしょう。

皆さんお疲れさまでした。そして、おめでとうございます。

由井寅子

で、また奥さまから。

〈２０１８年10月25日　奥さまからメール〉

・・・

由井先生

先生から頂いたメッセージはほんとうに嬉しくて。ほんとうにありがとうございました。出産から3週間経ち、その興奮も落ち着き、日常がはじまろうとしています。

主人は早朝からお経、勉強か散歩、朝食の準備をしてくれ、私は主人のお経を聞きながらおっぱいをあげ、幸せで、この幸せがどこかへ行ってしまわないか、と思ったりします。

主人はこの1カ月半、インチャコースの仕上げ準備から駆け抜けて、家事もずっと頑張り、疲れがたまっているようです。でも、夫婦でぶつかることはほとんどなかったと思います。

主人に胸を借り、しゃがんで産んで、抱き上げた瞬間の幸せは忘れないと思いました。こんなに落ち着いて出産、産後を過ごせたことに、由井先生はじめ、家族の皆へ感謝しています。

これからも、家族との生活と、学校の勉強を頑張っていきたいと思います。

・・・

彼はインチャコースで勉強し、奥さんはホメオパスになろうと4年制コースで勉強していますからね。

では、4回目お願いします。

〈DVDケース4回目〉

[由井] この度は、男の子だったっけ?
[患者] いや、女の子で。
[由井] おめでとうございます。
[患者] ありがとうございます。
[由井] よかったね。
[患者] おかげさまで
[由井] ほんとうに、2時間半だって。そんなに簡単に生んでいいの?
[患者] するっと(笑)
[由井] すごいな。
[患者] 陣痛中はずっとレメディーを順番にとりながら。
[由井] で、あなたがずっと抱えてくれていたって言っていたよ。

[患者] そうですね、こうやって支えながら、ちょっと立ちながら生んだんですけれど

[由井] すごい幸せになったと奥さんが言っていたよ。

[患者] そうですね、先生のお言葉を頂くまでは結構不安だったのですけれど、あのメールでお言葉を頂いてから頑張るという風にちゃんと気持ちが切り替わったみたいで、そこに集中できました。

[由井] それはそれはよかった。

[患者] はい、ありがとうございます。

[由井] だから、神さま仏さまは見捨てないよなと、私は思うんだよね。それを、人間のほうが信じられないんだよ。なぜかと言ったら、痛いから。なぜかというと、なかなか出

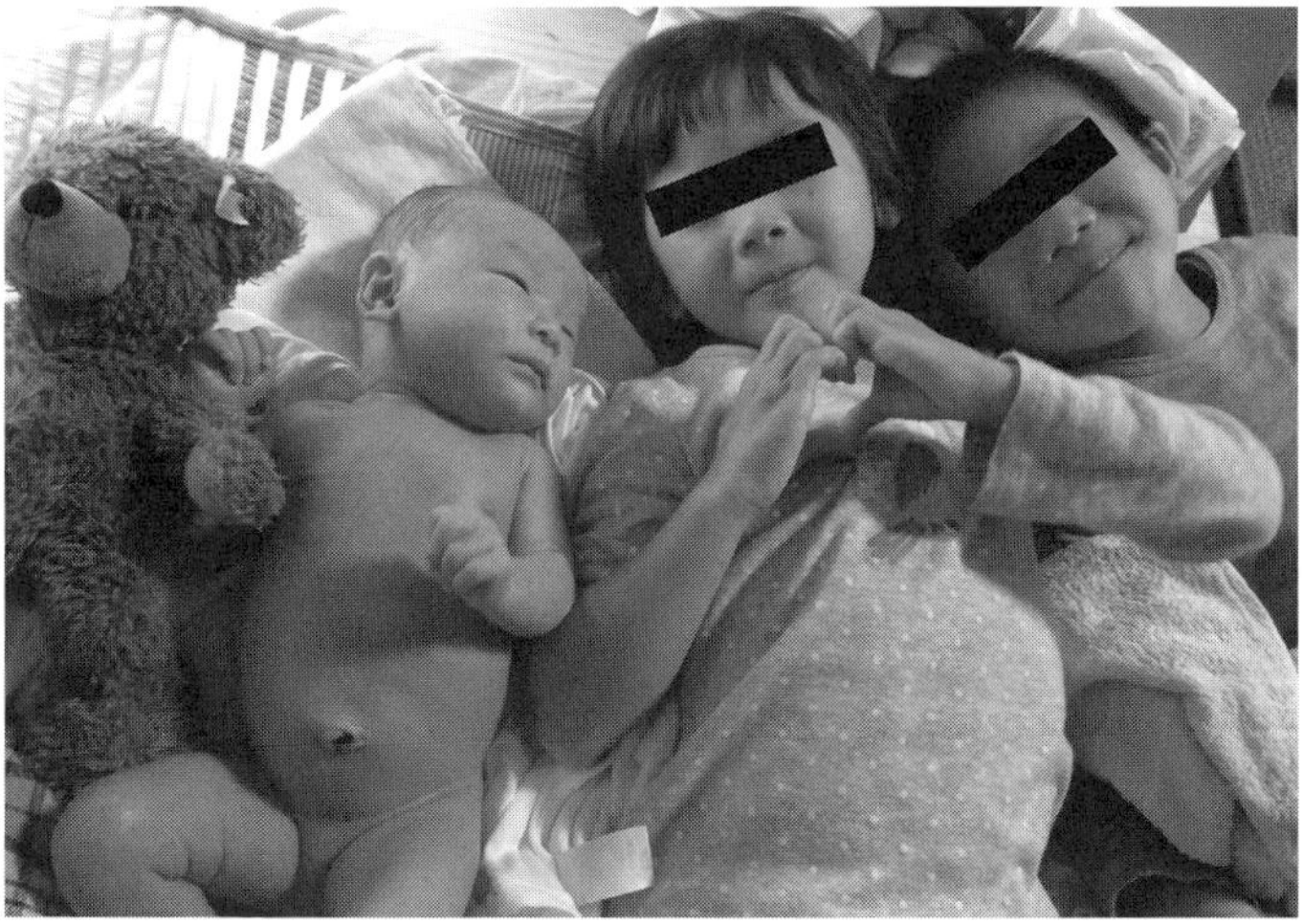

て来ないとか、なかなかうまくいかないと思っているから。「あー、神さまはいないんだ」とか、「仏さまは自分には来てくれないんだ」と思うような事件もあるじゃない。君だって、若い頃そうだったじゃない、苦しかったから。それが朝、祝詞と般若心経をしている横で、おっぱい飲ませていて、子どもたちが遊んでいて、あなたが一心不乱にやっているというね、その姿を見ながら奥さんが「私はなんて幸せなんだろう」と思ったんだよ。

[患者] メールですか。

[由井] メールで。なんて幸せだ。これがいつまでも続きますようにって、こうやって思っているって。すばらしいね。

[患者] すばらしいです。

[由井] カルマが掛かっているから、やっぱりやらないと。

[患者] そうですね。

[由井] 先祖の方が君に託しているんだから、やらないと。

[患者] 頑張ります。

[由井] あなたのお母さんは来たかね？

[患者] そうですね、来ましたですね。母も神社に行っているらしくて、毎日、近くの神

社で手を合わせてお参りしているって言っていたので、母はあまりそういうの好きじゃなかったのにと僕の中で思ったんですけれど、そういう風に毎日していると聞いたので。
[由井] 変わったね。
[患者] よかったなと思って。
[由井] そうなんだ、そうかそうか。あなたが変わったから、だんだんいろんなことが変わってきた。あなたがこう少し穏やかになったりとか、いい感じになっているから、母親は喜んだんじゃないの?
[患者] そうですね、母は喜んでいました。あと妻の父もなんか初めて十何日、一緒に過ごしたのですけれど、僕もお経したりごはんを作ったりしている姿を見て、すごく感心したと言ってくれて
[由井] 男性なのにごはん作ってね。
[患者] 最初、結婚するとき、猛反対のお父さんだったものですから、今回やっと認めてもらった感じがしました。
[由井] こうね、奥さんを大事にしているんだというのがわかったんだろうね、よかったね。
[患者] やっと名前で呼んでくれまして。

[由井] 十何年ぶりに?
[患者] そうですね。初めてです。
[由井] 嬉しかったでしょ?
[患者] 嬉しかったですね。えっ! と思って
[由井] これでもう反対したのも解けたね。
[患者] 解けたと思います。
[由井] よかった、よかった。目の調子とかはどうなっている?
[患者] 前よりもパソコンのカーソルとかが見えやすくなったのと、あと御飯を炊くときにジャーのメモリが、前まではよく見えなかったのですけれど、結構30センチ間隔でもはっきり見えるようになりました。あと先生、この間、1年ぶりに大学病院に検査に行ったのですね。そうしたら若干視力と視野がちょっといいと言われて。様子見だねという感じで。
[由井] あー、そうなんだ。薬を増やすとか言わなかった?
[患者] 薬は全くゼロなので。
[由井] そうかそうか、よかったな。
[患者] 薬のことは全く言わない。

［由井］出すとは言わないわけだよね。

［患者］そうなんです。

［由井］ほんとうに奥さんが送ってくれたあの写真を見てすばらしい家族という、かわいらしいね
［患者］全員写っている
［由井］全員写っている。

［患者］ほんとうですか。

［由井］すばらしかった
［患者］ありがとうございます。

［由井］なんか大きくこうやってインチャホメオパシー家族と皆に出したいぐらい。

［患者］ありがとうございます。

［由井］なかでも一番下の子はほんとうにきれいな顔をしていて、観音さまみたい。

［患者］観音さまみたいな、ですね。
［由井］はい、じゃあ気をつけて
［患者］はい、ありがとうございます。

〈DVDケース終了〉

新しい命も来てとても幸せになっていってくれまして、よかったと思います。彼もまあ見えない状況を受け入れてくれていますので、それでも少しずつよくなっていることもすごく感謝しているようです。感謝とか謙虚さというのが、自己治癒力を上げてくれる大きな大元だと思いますね。

この人が、母方の10代前の女性のご先祖さまのカルマを受け取ったと言いました。カルマは本来、自分が生まれ変わってこの世で苦しみを受け取ることで支払うものです。

しかし、生まれ変わるにも、カルマが重すぎて地獄から抜け出せないわけですよ。そうなると、誰かがこのカルマを受け取らないとなりません。それに手を上げたのが彼というわけです。すばらしい魂の持ち主ですね。だからその母方10代前の女性の子孫として生まれたわけです。

私が常々思うのは、その家に生まれる、その両親のもとに生まれるということは、その両親の先祖を供養することが大きな役目というか、使命としてあるんだということです。

だって誰が先祖の面倒を見てくれるのですか？　やっぱり子孫ですよね。

先祖の中には、やっぱり成仏できていない霊もいるわけですよ。苦しんでいる霊もいるわけですよ。それを放置することはできないでしょ？

だから、全ての子孫は、先祖供養する使命があるんだということ、これをほんとうにわかってほしいのです。

だから、せめてお盆やお彼岸には、お墓参りをして、手を合わせ、供養してほしいと思うし、今の自分の命があることへの感謝やご守護してくれていることへの感謝を捧げてほしいと思うわけです。

先祖の価値観、インチャ、カルマを綺麗にしないと子孫にいきます。

一方で、生きているときに善行を積み、死後霊界で修行し、神仏に近づいた先祖が守ってくれている。ほんとうにありがたい存在です。先祖を大切にしなかったら、子孫の繁栄はないのです。

■兄の人生とカルマ

去年の7月、ちょうど1年前ぐらいですね。兄が癌で亡くなりましてね。故郷に帰って焼香して、骨も拾いました。そして今年1周忌の法事に参列してお墓参りにも行ってきました。その兄について少々お話ししたいと思います。

兄は会社を60歳で退職して保護司《ほごし》となりました。保護司というのは、犯罪や非行にはしった人たちを更生させる任務の人で、まあボランティアなんですけれどもね。たくさんのいわゆる不良と言われている子どもたちを救い、国から表彰もされていたようです。

兄は自分の願いは全て我慢して、ただただ母のため、家のため、会社のために頑張ってきた人生だと思います。母ちゃんに言われたことは全て必ず実行していました。どんなに遊びたくても遊ばずに学校から帰ってきたらすぐに母の手伝いをして、畑に行ったりしていました。学校を休んで畑仕事することも多かったですね。まあほんとうに大変な人生でしたね。兄が7歳のときに父が死んで、家にいなかったものですからね、母が兄を自分の夫だと思って頼りにしているのがよくわかりました。

しかし兄は小さい頃に、私と同じ絶望を味わっていると思うのです。母親が、貧乏のあまり崖から飛び降りて一家心中をはかったことがあります。そのとき、お前から先に行けって背中を押されたんですね。彼が8歳の時ですけれども。私はまだ赤ちゃんで母の背中におんぶされていました。母は兄をとても愛していましたけれどもね。残していくのは忍びないと思ったのでしょう。だから一番先に崖から突き落とそうとしたのだと思います。兄は母が突き落とそうとしたその手を間一髪でかわしたとのこと。そういうことを兄が私にぽろっと言ったのです。兄は兄でこの絶望のインチャがあり、母に気に入られようと必死だったのです。

夫のいない貧乏な女性を蔑み、邪険にする風潮が村にあって、由井家は非常に馬鹿にされ、母は屈辱にまみれていました。もちろん兄も私も屈辱を感じていました。母に対する侮辱、蔑み、粗末に扱うさまを見て、世の中の不条理に対する憤りや、母や世の中の弱い存在への同情心が兄の心の中にしっかり根付いてしまったのではないかと思います。

その世の中への憤りや同情心から、不良を救いたいと思ったのでしょう。母親が死んだときに私の人生はなんだったんだろうと私にひとこと言ったわけです。母の幸せのために生きていたようなものであり、自分の人生を生きていなかったからでしょう。

自分の正直な願いを我慢することは自分を粗末にすることです。母の10回忌の時に、あんちゃんに「人生はどうだったの？」と聞いたら黙ってしまいました。

「兄ちゃん、頑張っていたじゃないか」久男と言いますけれど、「久男はよくやったな、ほんとうに母ちゃんの言うことを聞いてよくやった。久男はよう頑張った、偉いなって自分に言ってあげた？」と質問すると、運転している横顔がビクビクして、なんか泣きそうなのを必死にこらえているんですよ。「寅子はいらん子だから、母ちゃんは私にはよく頑

張ったと言ってくれないのを知っているから、自分でいっぱい言ってあげたんだよ。寅ちゃんようやった、よう頑張った、よく生きてきたってね、こうやっていっぱいなでてあげたんだよ。そうしたら涙がいっぱい噴き出たんだよって。だからほら、兄ちゃんもさ、久男はよう頑張ったって言ってあげて。兄ちゃん、心優しいからさ、母ちゃんがかわいそうで放っておけなかったよね、いい人だよね、兄ちゃんはほんとうにいい人だな」ってやったら、もうなんか、たまらないかのように涙が噴き出て。あの兄が男泣きに泣きながら運転していました。

私は小さい頃からいつも兄に嫉妬していました。だって母親は兄ばかりかわいがるからですね。でもそのとき、ふたりの間が、距離が縮まったような感じがしましてね。とてもいい瞬間でした。

子どもが親孝行をするというのは、当たり前ではないのですよ。子どもは遊びたいのだから。山仕事なんか行かないのですよ。子どもは遊ぶのが仕事なのに、兄ちゃんは山仕事していたのですから、大変だったのですよ。母は兄のために生きていたし、兄は母のために生きていた。そんな感じでした。母は兄を夫と思って生きていたわけです。私も2番目の兄も、ふたりの間に入り込む余地はありませんでしたね。

だから母が死んだとき、兄はどうしていいかわからなくなったのだと思うのです。

兄は元々生きたいという気持ちは無かったんじゃないかと思います。それはもう我慢に次ぐ我慢の人生、我慢の連続の人生でしたからね、彼は。我慢するというのは苦しいことです。生きたくなんかなかったと思うのです。でも母親がかわいそうだから頑張って働いて、手伝っていたのだと思います。だから母親が死んだとき、生きる意味を失ってしまったわけです。存在の意義、存在価値を失ってしまったのです。で、保護司になって世の中のかわいそうな人、世の中の犠牲者のために献身的に尽くしたい、そうしているときだけ存在が許されるように思ったんじゃないかと思うのですね。人のために尽くすことは悪いことではありません。でも、兄がほんとうに救わなきゃならないのは不良でも誰でもなく、自分自身のインチャ、我慢の連続で、こんな人生だったら生きたくないと思っている絶望のインチャだったはずなのです。母をかわいそうだと思うのは、自分のインチャの投影なんですね。全ての願いを我慢している自分がかわいそうでならなかったからです。その悲しんでいるインチャを喜びのない母親に投影し同情していたということです。ほんとうにかわいそうなのは自分自身で、自分のインチャです。遊びたい、母に甘えたい、父に頼りたい、学校に行きたい、高校も進学したい、おもちゃが欲しい。子どもなら誰にでも手に入る願いが、彼は何ひとつ手に入りませんでした。そんな子どもが泣いているのが、この兄の後ろ姿でわかりました。その願いひとつひとつをイメージで叶えてあげる必要があった、その絶望しているインチャを癒す必要があったのですけれども。不良を救っても、自分自身のインチャを救わなければ、癌がはびこってしまうわけです。癌になっても少年たちを思い図っていました。人を優先し、自分の正直な気持ちを我慢し、自分を粗末にしたカルマ、その結果、癌となり、カルマを解消するために苦しみながら亡くなっていきました。

■魂を穢すもの

魂は存在目的、存在価値として存在する純粋な存在であり、肉体が死ねば魂だけになり、天界に帰るだけのはずです。

しかし、多くの人は魂が穢れており、輪廻の輪の中に入り、再び肉体をもって生まれることになります。

死んだらどうなるかということは、『お彼岸とインナーチャイルド』（ホメオパシー出版）に詳しく書いているので、そちらを読まれてください。今回は省略します。

魂を穢しているものに、次のものがあります。

①この世的価値観
②インナーチャイルド
③カルマ

今回は、③のカルマをメインに話をしています。

さて先ほど自分に対するカルマを見ていきましたが、今度は相手に対するカルマを考えてみましょう。
カルマの法則のひとつとして、自分が相手にやったことはやり返されるというものがあります。暴力をふるっていた人が、誰かに暴力をふるわれることで、カルマを解消することがあります。自分が痛みや恐怖を感じること、体験することで、自分がいかに人々に苦しみを与えているか気づくことができるでしょう。

こんなケースがありました。ある患者さんの旦那さんですね。もともとこの人は私の患者ではありませんでした。奥さんは私の患者でしたけれども。旦那がガス壊疽《えそ》という危険な病気を発生した

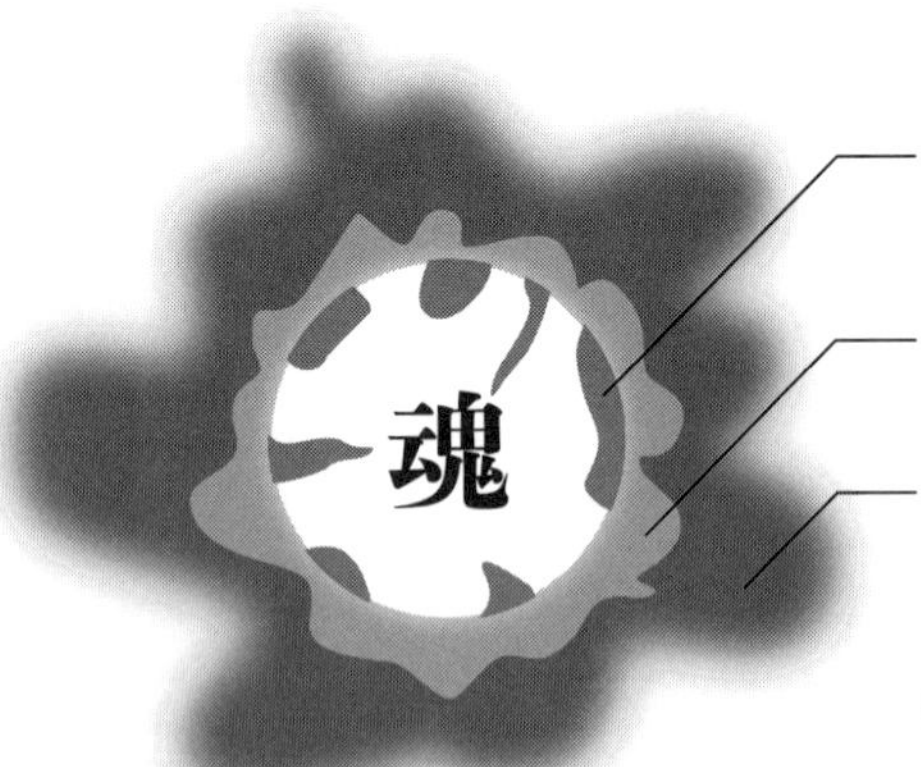

魂を穢すもの

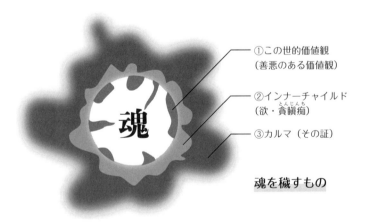

というのです。

ガス壊疽という病気は、傷とか細菌感染によって患部が壊疽し、死に至る病気なんですね。現代医学では治す手立てがありません。これは急がなければいけないと思って、この壊疽に合うエキネシア（Echi.）のマザーチンクチャーとアーセニカム（Ars.）というヒ素のレメディー、ジフテリア菌のレメディー、破傷風菌のレメディー、スケーリーコー（Sec.）という麦角のレメディー、これらをコンビネーションにして、すぐにとるよう指示しました。

このレメディーとマザーチンクチャーが功を成したと私は思っているのですけどね。ガス壊疽が治まって、まあお医者さんもビックリしていましたね。


この人の体をきれいにしなければいけませんし、どうしてガス壊疽になったのかを知りたいというのもあって、相談会に来てくださいと言いましたら、来てくれました。

そこで毎日のように父親から半端ない虐待を受けていたことがわかったのです。このガス壊疽は父からの虐待による外傷・内傷の傷からきているということがわかりました。

この方、生まれてからすぐ自宅から遠くのお婆ちゃんに預けられていたのですが、9歳のときに父親の元に引き取られたのです。

そこから大きくなるまでの9年間、毎日のように父親から暴力を受けて毎日のように骨を折られていました。折れていない骨がないくらい、いたるところの骨を折られていたようです。

骨が折れても病院に連れて行ってくれるわけもなく、折れた骨が自然治癒力でくっつくのです。ですがそのくっつき方が変なのね。レントゲンを撮ってお医者さんがびっくりしたようです。

それで私は、この人に、アーニカ（Arn.）というウサギギクのレメディーや、ハイペリカム（Hyper.）というセイヨウオトギリソウなどの打撲、骨、神経に合うレメディーやマザーチンクチャーを出したのです。そしたら、折れた骨がゴリゴリゴリ、コキッって外れてね、一旦、そして正しい位置に戻ってくっついたというのですよ。レメディーとマザーチンクチャーってすごくないですか？

レメディーをとったら、「あっ、今骨が折れたな」とわかるというのですよ。毎日のように骨を折られていたのでね。コキッという音もするそうです。

この人、心臓の痛みがあったのですね。それはどうしてかというと、肋骨を折られてそれが異常な角度でくっついていて、骨が心臓に突き当たるからなのです。

それがレメディーをとって、心臓に当たっていた肋骨の骨がボキッと一旦折れて、正しい位置に戻ってくっついて、心臓の痛みがなくなったというのです。それが肋骨だけじゃないのですよ。体中のあちこちの骨がそうやって、折れてはくっついたというのです。


さて、問題はここからなんですよ。「どうして君のお父さんはあなたをこうやって毎日、毎日、骨が折れるまで殴っていたのか」って聞いたら、「いや、わかりません。家にも帰っていないし、絶縁しているから知りません」と言うのです。

まあね、ほんとうに無理もないですよ。9年間、父を見るたびに毎日毎日ガタガタ体が震えていたといいますからね。

この人にしてみたら、お婆ちゃんに預けられていたほうがよかったですよね。わざわざ9歳で父親に戻してもらうから、おかしなことになったと思いますよね。でも戻るようになっていたのですね。

なぜこの人が父親から、このような虐待を受けることになったのかを私なりに推測して、前世で敵同士だったのかもしれないねと伝え、私の導師に聞いてみました。そうしたら、やはり過去生で父親とは敵同士で、父親にかなり酷い拷問をして殺したようです。そのため今世で、そのカルマを返すために父として選んで生まれてきたということがわかりました。

ですから、このお父さんは何だかわからないけれど、息子がどんどん大きくなるにつれて怖くて、怖くてしかたがなく、やられる前にやってしまおうと、毎日毎日、動けなくなるまで叩きのめしていたのです。

ちなみにこのケースでは、この人を虐待した父の行為はカルマにならないということです。そんな馬鹿なと思うかもしれませんが、これは、ある意味父がご神仏さまに頼まれてやった暴力だからです。この人も、過去生の敵同士とはいえ、人を拷問したカルマを解消するために今世で暴力を振るわれる人生となることを承知の上で、拷問して殺した人の子どもとして生まれようとしたわけですから、この父の行為はカルマとはならないということなのです。この人のカルマを解消し魂を浄化するために、この人に暴力を振るう使命が父にはあったということです。もちろん父にそのような自覚はありませんけれどもね。そしてこの人も、もちろん自分が暴力を受けることを志願したという自覚はないのです。魂は覚えていても、肉体をもって生まれると、今世の記憶（顕在意識）しかなくなりますからね。

それで、この人に父の暴力がカルマにならないことを私がつい言っちゃったのですね。彼に「カルマになりますよね」って聞かれたから。いや、それがならないんだなとつい言っちゃったのです。そうしたら、受け入れられなかったのでしょう。相談会に来なくなっちゃいました。それぐらい、苦しかったのです。

でも、この人の魂は偉いなと思うのですよ。戦争下においては、情報を聞き出すために敵を拷問しなければならないときもあるでしょうし、殺さなければいけないときもあるでしょう。でもその行為を悔い、カルマを清算するために、暴力を受け、そして和解したいと思ってね、あえて息子として生まれることを志願し、行きますと神さま、仏さまに誓って来たんだよね。だから魂は、父に過去生で拷問したことを謝罪し、今世で暴力を振るってくれたことへの感謝を伝えたいと思っているはずなんですね。もちろん今はとても受け入れられるものではないでしょう。でもいつか私のところに戻ってくると信じています。

このケースで、虐待した父の行為はカルマにならないと言いましたが、じゃあ、殴られたから殴り返すのは、カルマにならないんじゃないかと思うかもしれませんが、そうではありません。殴られたから殴り返すというのは、立派なカルマになります。怒りの感情のままに行動することがカルマを作るからです。

勘違いしてほしくないのは、相手を傷つけても自分のカルマにならないというのは、このケースのようにかなり特殊な場合だということです。

■なぜ暴力行為を繰り返してしまうのか？

人の痛みや苦しみはわかっているけれど、暴力行為を繰り返してしまうという人がいます。それはそこにインチャがあるわけです。インチャが、暴力を振るってもいいんだという価値観をどこかで持っているということです。子どもに言うことをきかせるために叩かなきゃならないと信じているということです。昔の人は多かったよね。

子どもの頃に日常的に親に暴力を振るわれた人は、「子どもが少しでも自分の気に入らないことをしたら暴力を振るっていい」という価値観を必ずもっています。だから自分が結婚して子どもができたとき、自分の子どもについ暴力を振るってしまいます。どんなに頭で暴力がいけないと思っていても、つい手が出て、止めることができないのです。

インチャを癒さない限り、ほんとうに価値観を変えることはできないのです。インチャを癒して正しくない価値観を解放していかない限り、悪しき行為は繰り返されカルマを作っていってしまうのです。やがて自分が人に与えた苦しみと同じ分の苦しみを自分が受け取らなくてはならなくなります。インチャを癒さない限り、カルマの連鎖は続くということです。

■カルマの役割

怒りの感情を我慢せず、相手を罵倒したとしましょう。すると、否定された相手は傷つくでしょう。もともと私たちはひとつの存在です。全てはひとつの存在です。自分と世界はひとつのものです。自分を粗末にしたら、体が病気になるように、人を粗末にしたり、自然を粗末にしたり、物を粗末にしたら、まわりまわって、自分に苦しみがやってくるということです。

自分と世界は一体のもので、人を傷つけたら、それは自分を傷つけているのと同じ、あるいは自分を傷つけたら、それはみんなを傷つけているのと同じであると心底悟れるまで、人は人を傷つけ、自分を傷つけるでしょう。カルマは、私たちが正しい道を歩めるようにするためのもの、私たちが霊性を向上させていくことができるようなシステムと言えるかもしれません。

霊性とは、魂の状態です。霊性向上とは、魂を磨き、魂を成長させることです。霊性を向上させるために、私たちは生きています。

では、魂の成長とは何でしょうか？

何が正しくて何がまちがっているかを知ることではないかと思います。

何が正しくて何がまちがっているかを知るために、カルマというものがあり、苦しい出来事が生じることで、ほんとうに人の苦しみや人の痛みを知ることができ、ほんとうに優しい人間になることができるのだと思います。

人だけではなく、自然や物にも命があります。命があるということは、存在目的をもっているということ。その存在価値を否定したら、傷つきます。

この世の全てには命が宿っていて、否定されたり、粗末に扱われたりしたら、痛みを感じるということです。

それを理解し、愛を大きくし、より正しく生きられるように、カルマというものは存在しているのだと考えています。

■カルマを作る原因

苦しみとは何かを最初に説明しました。苦しみは、この世的価値観から生じる意志と意志の流れを止める障害から生じます。意志の流れを止める障害の代表が否定です。意志（魂）の流れを止めること、感情（心）の流れを止めること、行為（体）の流れを止めること、つまり魂・心・体にストレスを与えること、これがカルマではないかと思います。

ですから、否定・支配・抑圧が、カルマを作る大きな原因であると考えています。意志の流れを止めることで、意志が凝集し、感情となり、苦しみが生じます。思い通りにならない苦しみです。

次に、感情を我慢することで、苦しみが生じます。

次に、行為を我慢することで、苦しみが生じます。

相手を否定し、支配し、我慢を強いることで、相手が苦しみ、相手が苦しむことでカルマとなり、相応の苦しみを自分が受け取ることになるのです。

意志・感情・行為の流れを止めた量（苦しみを与えた量）が多ければ多いほど、大きなカルマを背負うことになります。

ですから、多くの人々を苦しめた場合、大きなカルマを背負うのは、これ致し方ありません。

人を殺すことはひとりの意志の流れを完全に止めることであり、これも大きなカルマになります。だってその人は生きたいと思っているわけだし、生きてやりたいこともたくさんあるわけだから。皆、魂の宿題をもってこの世に来るのですから。

自殺も同じです。心（インチャ）が死にたいんだよね。それで自分を殺してしまうわけですけれども、魂は生きたいと思っているし、体も生きたいと思っているのです。

神社や仏閣、仏像を破壊したり、大自然を破壊することは、崇高な大いなる意志を止めることになり、大きなカルマとなってしまいます。

否定とは攻撃です。攻撃は怒りの感情から生じます。否定は怒りから生じるものなのです。

怒りの感情がこの世にカルマをもたらしている大きな原因だと考えています。

カルマになる悪しき行為を列挙してみましょう。

自然破壊、神仏破壊、自殺、殺人、強盗、詐欺、裏切り、暴力、暴言、軽蔑、侮辱、村八分、無視、粗末に扱う、脅迫、拷問、支配、などなど。

そのような行為をすると、今世あるいは、来世、来来世で、自分自身に次のような出来事が生じます。

今言ったような出来事、事故、怪我、病気、災難、盗難、大事なものが傷つけられる、奪い去られる、人望を失う、失脚、失恋、奇形などなど、なんらかの苦しい出来事に遭遇することになります。

皆さんついてきていますか？　大丈夫ですか。カルマの話なんかは、なかなか聞けないものだと思います。怖いと思う人もいるかもしれませんが、魂の成長のためにあると思えば、ありがたく受け取っていくこともできるのではないでしょうか。

■ケース2　難聴（18歳・男性）

この子は18歳で、主訴は難聴、耳鳴りですね。友だちとのコミュニケーションもうまくいかないという状態でありまして、大学受験に失敗して浪人している状況です。
それではこの難聴のケースのＤＶＤから入っていきましょう。どうぞ。

〈ＤＶＤケース１回目〉

[由井] 聞こえることは聞こえる？
[患者] 大丈夫です。
[由井] あーそうなんだ、難聴であるということやな。
[患者] 右の方が聞こえづらいというか、あとは補聴器を外したときに耳鳴りが結構すごいというか。
[由井] 今は、補聴器付けている？
[患者] はい。今年で19ですね。

［由井］大学は？

［患者］今浪人中です。

［由井］いつからこうなったの？

［患者］生まれたときから。

［母親］言葉がちょっと遅かったんですね。

［由井］感音性難聴というのは、先天性だと言っていますか。

［母親］そう言われましたね。それと耳の後ろのこぶが。

［由井］大きいね。

［母親］割と大きいんです。帝王切開だったのですね。子ども全員、帝王切開。

［由井］全員？

［母親］全員、帝王切開なんです。で、やっぱり最初の子のとき、帝王切開で、それで私、

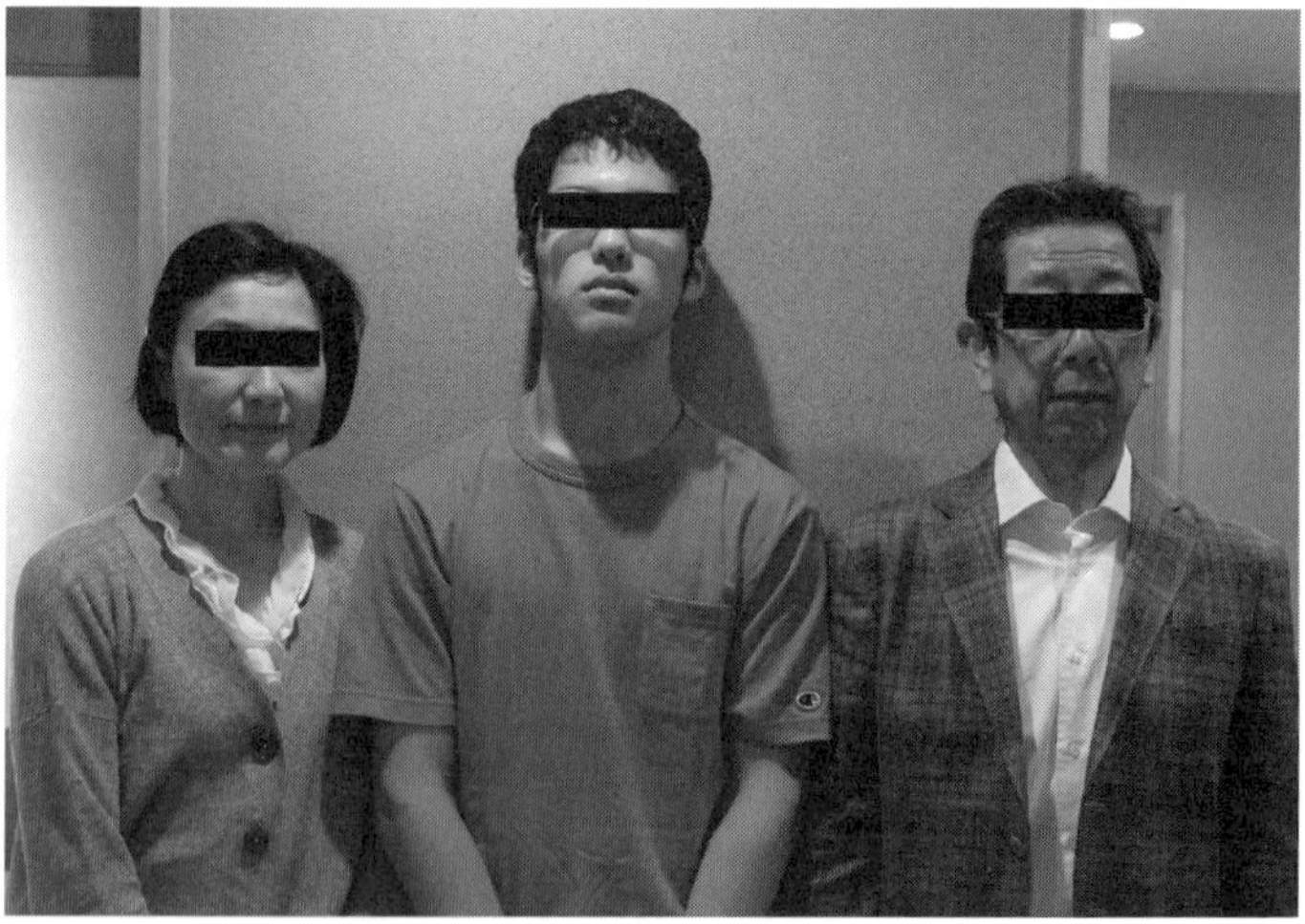

不妊というか、なかなかできなくて。

［由井］治療してたの？

［患者］治療してましたね。

［由井］インフルエンザの予防接種をしたじゃないですか。

［母親］そうですね。したんです。

［由井］結局6回か7回したんだよね。

［母親］そうですね、

［由井］たとえば耳だれがでるとか。

［患者］耳だれは、結構出てきます。

［由井］特定な子と敵対するようなことはないかね？

［患者］仲間とコミュニケーションがあまりできてなかったので。会話するときに途中で言葉を見失ってしまって、会話が成り立たないなというのは最近よく感じるようになりました。

［由井］君にはカルマがあるみたい。カルマというのは業《ごう》ですね。耳が先天性で悪いというところに鍵があるわけだね。君はね、前世、戦う兵士だったみたい。で、自分の担当が

拷問なんだよ。
[父親] 拷問していたということですか。
[由井] そう。もちろん上官がいて、上官のいうことを聞かなければならなかったと思うよ。で、敵国が勝って自国が負けたかして、拷問したことが明るみに出て、上官や部下に裏切られてひとりで罪を背負わせられて、死刑になった。みんなが「俺じゃない、こいつがやった」って。君はその責任を取らされたんだ。でも、君にとって一番辛かったのは死ぬことより何より裏切られたということなんだ。
[患者] あー、なんかそれ分かります。裏切りというか、他人が信用できなくなってます。
[由井] そう、そこだ、そこそこ。ようわかったじゃん。まあ、部下にも裏切られ、上官にも裏切られ、こいつがやったと全部の責任を君が取らされたわけだ。この傷があるから人を信頼できないんだよ。
[患者] だから高校生になったときになんかすごい疑り深くなった。
[由井] 前世のインチャからきているものだ。「えっ! 俺がっ!」て、耳を疑ったたってわかる? 君は聞きたくなかったんだよ、それを。その裏切られたインチャがあるから、無意識で人と壁を作っちゃうんだよ。

［患者］そうですね、結構それはあります。

［由井］そう、壁を作っちゃうわけ。で、そうすると人の心からの親切や心遣いを拒否してしまって、受け取ろうとしなかったから、それもカルマになってしまうんだよ。

［患者］結構それは、ありますね。なんでか知らないけれど、拒んじゃうというのがあるというのは感じますね。

［由井］わかるね。耳が聞こえなくて人とのコミュニケーションがうまくいかないと思っているかもしれないけど、深いところで自分がそれを望んでいるんだよ。人との親密なコミュニケーションをしたくないということなんだ。

[患者] あー怖い。

[由井] 怖いんだよ。それはしかたがないよね、前世がそうだったからさ。

[患者] でもそれを今、克服するには。

[由井] 克服するにはさ、まず自分はこういう傾向があるという認識がなければ、克服することはできなかろう。自分は被害者じゃないかと言うかもしれないけれど、上官の命令とはいえ、人を拷問したのだから、これはカルマになるんだよ、しょうがない。受け取っていこう。君はまだ若く、これからの人生も長いから、私はこういうことをしっかり正直に言うんだよ、君に。

もうひとつが、インナーチャイルドというのだけれども、前世で裏切られたから、「人は人を裏切ってはいけない」という価値観を強くもってしまったということ。その価値観を緩めていかなければいけない。私の言っていることがなんとなく伝わっているよね。

[患者] ピンポイントでこうきましたね。

[由井] 頑張れ。

[患者] いや、こんな風に物事を考えるのは初めてなので。

[由井] 「人は人を裏切ってはいけない」という価値観。これができるのもしょうがないの

ですよ、辛かったから。でもそれをもって人を裁くでしょ。この価値観がある以上、自分も裁くかもしれないけれど、人も裁くのですよ。そうすると、人に対して腹が立ったり、悔しくなったり、なんだ、お前らと喧嘩になったりするはずなんですよ。ここでまたカルマができてしまう。いいレメディーを指示しておきますのでとられてください。

［患者］ありがとうございました。

［父親］ありがとうございました。

〈DVDケース終了〉

若い人にこういう説明をしなければいけないというのも大変辛いのですけれど、本人に、なにかね、身に覚えがあるのですよ。ですから、あーそうなんだという感じでしたね。受け入れられそうでよかったです。

で、この人には次のレメディーを指示しています。

まず随時は、耳のサポートです。耳のサポートは、私が考案した耳の問題に合うマザーチンクチャーとレメディーのコンビネーションチンクチャーです。カルマがありますから、そこにブレッシング（Blessing.）という般若心経と祝詞のレメディーを加えてとるよう指示しました。

朝は、ニタック（Nit-ac.）硝酸のレメディーです。このレメディーは「許せない」という人に合います。このレメディーをとることで許せるようになっていきます。

昼は、耳下腺炎（パロティダイナム／Parot.）と溶連菌（連鎖球菌、ストレプトコカイナム／Strept.）のレメディー、両方を指示しました。耳下腺炎にかかるのは、嫌だインチャ、自由でいたい、規則に縛られるのが嫌だ、好きなことを好きなときにやりたい、邪魔しないでほしい、自分の望む通りに生きたい、相手は自分の望む通りに動いてもらいたい、そうされなきゃ嫌だという、そういう意識があるからです。耳下腺炎にかかるこ

◎　ケース2-1の処方　◎

朝　：ニタック（Nit-ac.／硝酸）許せない
昼　：パロティダイナム（Parot.／耳下腺炎）
　　　コントロールされたくない
　　　ストレプトコカイナム（Strept.／連鎖球菌）愛されない
夜　：マーキュリーソル（Merc-sol.／水銀）
　　　自分が罪を犯したかのよう
随時：φ耳のサポート
　　　＋ブレッシング（Blessing.／般若心経・祝詞）

とで、そのようなインチャが癒されていきます。

溶連菌は、人は正しく生きるべきであり、きちんとするべきである。与えられた任務をしっかり果たすべきである。愚痴、弱音、泣き言は言うな。人はまちがえを犯してはならない。罪を犯してはならない。人に迷惑を掛けてはいけない。人は正しくあるべきである。善悪をジャッジしたがる傾向、これが溶連菌の特徴です。このふたつのレメディーがこの人の性格に合っていましたので出しました。

夜は、マーキュリーソル（Merc-sol.）水銀のレメディーです。インフルエンザワクチンの中に有機水銀がいっぱい入っていますので、水銀のレメディーで解毒していきます。マーキュリーソルは、自分が罪を犯したかのように思うという妄想をもっています。これらのレメディーを随時・朝・昼・夜ととってもらいました。

そしたら、好転反応でアトピーや黄色い汁が噴き出てきました。

で、レメディーをとった結果、顔にでていた膿は改善しました。耳鳴りは、むなしい音が鳴りひびいています。

耳の後ろのコブは両方とも大きく改善して、コブが小さくなってきました。

聴力も改善し、以前よりも人との会話がスムーズになりました。

祝詞、般若心経は、毎日やっています。19歳で偉いね。

今気になっていることは、虚しく感じたり、寂しく感じることが以前より多くなってしまった。何かがいつも邪魔しているような気がする。また顔や耳、膿や汁がいっぱい出てきて、今、落ち着いているけれど首も痒くて夜の睡眠も妨げている。

こういう感じです。皮膚症状が出ることはとてもよいことです。

では2回目を見ましょう。どうぞ。


〈DVDケース2回目〉

[由井] 受験どうなったの？
[患者] あまり。
[由井] うまくできなかったの？
[患者] うまくというか。
[由井] でも駒大に行ったんですか？
[母親] 受かったんです。

［由井］すばらしい。

［患者］第一志望には受からなかったので。

［由井］そこに行くように道がなっていたんだから、それを嘆いてはいけない。流れがそっちに行ったんだから。夢も希望もなくなったわけじゃないんだよ、それさ。そっちの方が君には合っているんだということを教えてもらっているんだから。そういう風に考えていく心根をもたないと人生は苦しいことになるよ。

［患者］わかりました。マラソンに行ったときにお参りに行ったのですよ。道元を総本山としているお寺だったのですけれど。駒澤大学も曹洞宗で同じ道元が開いたものを中心としている大学だったので、何か後から考えてみるとあれ縁があったのかなと。

［由井］カルマのことを道元さんはようわかっているよ。

［患者］よう、わかっている？

［由井］うん、道元さんこそがカルマのことを書いているよ。

今、湿疹、出ているじゃない。いいことだよね。一番近い耳の近くって顔じゃんね、とか、首なんだけれどさ。それが表面に出るということは悪くないよ。その老廃物が体の中にあると思ってご覧、大変なことだよ。

［患者］出しっ放しにしているんですか。

［由井］そう、で、君はまだ19とか20だから年頃だから恥ずかしいんだろうけれど。

［母親］首がたぶんこういう感じでぱっと赤く。

［由井］それでラインがあるよね。

［母親］そうですね。耳も、もういっぱい今もこうやって出てます。あと顔もこの辺からいっぱい出ました。

［由井］ホメオパシーやって出たら君、嫌だろうけれど、その湿疹も減っていくということはわかっただろ。

［母親］そうなんです。

［患者］減っていくのは、回復が早くなった。

［由井］そうそう。

［母親］この子、熱が出たんですね。

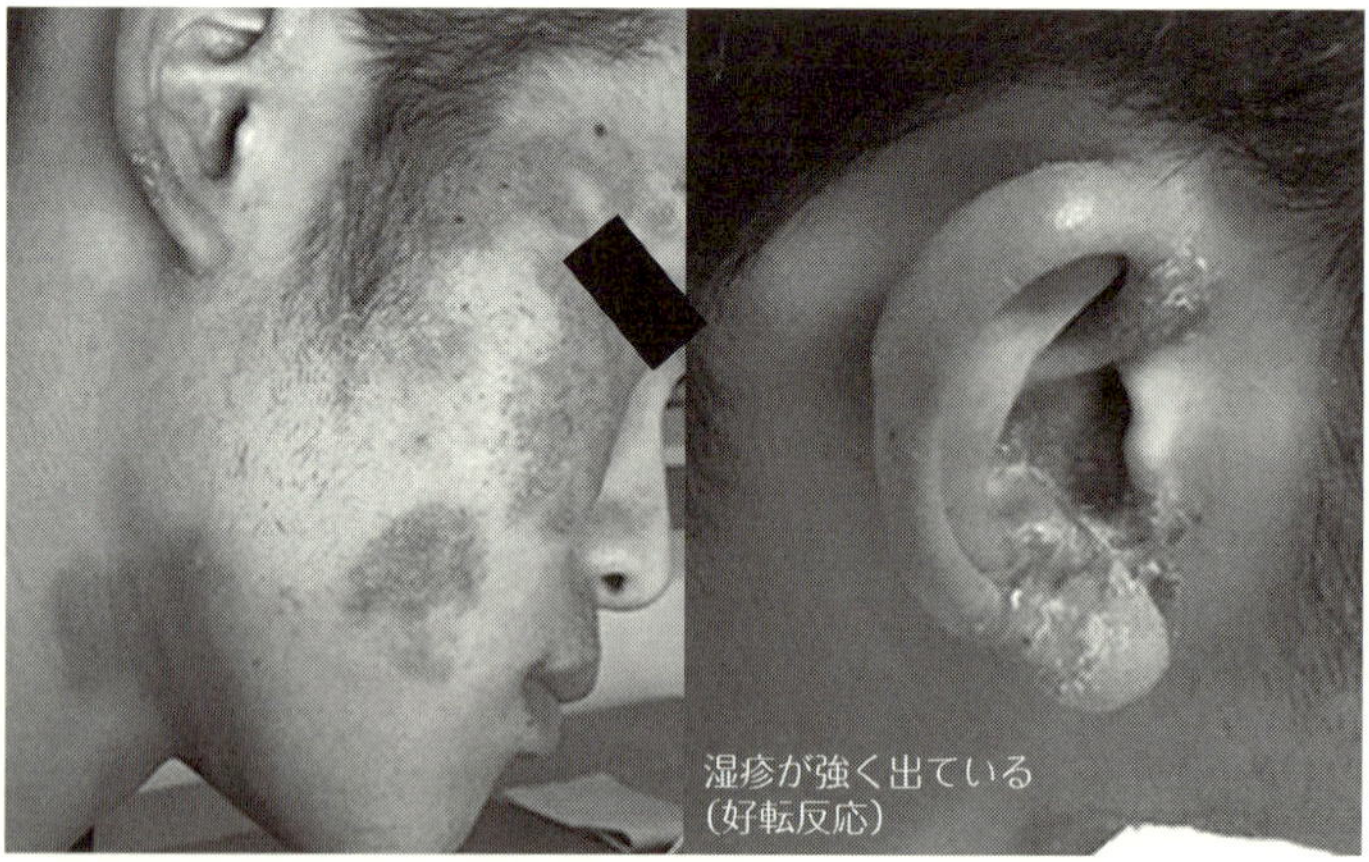

湿疹が強く出ている
（好転反応）

[由井] いいね、熱が出た。すばらしい。それで湿疹が出たのはレメディーとっている最中が一番すごかったの?
[母親] そうですね。この子、こんな感じでいっぱい出て。おもしろいですね。で、この上だけなんですね。体はそんなに出ないのですね。
[由井] そこが彼の弱いところだね。刑がたぶん首つりとかだったんだろうな。ここら辺が君は弱いんだと、思っていたらいいよね。君には、この世的に言えばだよ、ハンディがあるんだ。耳が聞こえにくいとかさ、発音しにくいとかさ、でもそのハンディを卑下せずに堂々と生きたらいいと思っているわけ。まして前世のカルマがあるなら、なおさらのことさ。心が乱れない自分になることが、今世の君のやらなければいけないことなんだよ。
[患者] そうですか。なかなか厳しいですね。
[由井] なかなか厳しいよ。耳が聞こえにくいことを許すということだ。自分も拷問したかもしれないけれど、言われてやったわけであって、それを自分のせいにさせられたということに対する憎しみだよ。だからまたやられると思っているから、人を信じないじゃん。
[患者] 信じてないいんですかね。
[由井] うん、あの人が自分を嫌っているんじゃないかとか。挨拶したけれど、向こうは

しなかった。たまたま、その挨拶が見えなかっただけなんだけれどね。それをあっ、挨拶してくれなかった、俺には、俺だからだと、ネガティブにとるじゃん。そういう傾向あるじゃん、君さ。

[患者] そういう傾向、あります。

[由井] そこの癖を止めなければね。それは自分を責めているということになるから。だから、相手の乱れている心に一喜一憂しないということだ。相手に依存しているということになっちゃうでしょ。

[患者] そうですね。

[由井] 君は君で幸せであればいいんだよ。

[患者] そうですね。そう考えれば。

[由井] だから大事なことはさ、裏切られてもいいという風に覚悟するんだよ。そうしたらこのカルマは消えてなくなるんだね。それでこう自分に対して般若心経とか祝詞をやって上げたらいいんだよ。過去の自分が成仏しますようにってやったらいいんだ。

[患者] あー、そうですか。

[由井] 般若心経が一番いい、それが一番だと思うよ。虚しさ、寂しさというのはさ、前

世の記憶なんだよ。今じゃないんだ。なんで寂しくなるのかわからないでしょ？

［患者］憂鬱になることがすごく多いので。なんでこんな感じに思われるのかなみたいな。悲しいこと何もないのにみたいな。

［由井］そう、だから現在に合わせてもしょうがないんだ、それは。過去世の君の感情の記憶だからさ。

［患者］そうですね。よほど虚しかったんですね。

［由井］兵士が敵国から吊し上げられているわけだよ。その中で自分は無実だ、無実だと兵士が次々に言うわけだね。そしてこいつがやったとひとりが指さすと、次の人もこいつがやったと、みんなが君を指さすんだよ。そして君は聞きたくないだろ。

［患者］そうですね。

［由井］だから耳が悪くなったんだよ。今言った状況をイメージして、状況が変わるイメージをするんだ。上官が、いや、こいつじゃないんだ。実は俺が指示したんだという、そういうイメージをやってごらん。

［患者］はい、わかりました。

［由井］耳鳴りは、どういう耳鳴りなんだっけ？

［患者］夏のミンミンゼミが鳴くあーいう音よりもちょっと高い感じの音。その音がすごい虚しいという感じが強かったですね。

［由井］お父さん、仏壇をちょっと考えてみましょう。

［父親］そうですね。

［由井］先祖の方の応援が来たらこの子、また楽になるし。

［父親］まあ、そうですね。

［由井］皆さんもね。

［父親］ありがとうございました。


〈ＤＶＤケース終了〉

この虚しい感じはなぜ出てくるかというと、前世、夏の蝉が鳴いている頃に彼が処刑されたからではないかと思います。その記憶があるから虚しい気持ちになってしまう。

レメディーは、随時に水銀のサポートを指示しました。水銀のサポートは８種類の水銀のレメディーをコンビネーションにしたレメディーです。

朝は、水銀を排出するためにヘパソーファー（Hep.）、硫化カルシウムのレメディーを指示しました。黄色い膿を出していましたからヘパソーファーはすごく合いますね。

昼はマラリアノゾース（Malar-N.）を出しました。信仰心を高めるためにです。信仰心がないとマラリアに罹りやすくなります。この人の信仰心をもっともっと高めるためにマラリアノゾースを指示しました。

最初、彼は第一志望の大学に滑ったことを嘆いていました。だけど彼は合格した駒大に行ったほうがいいと思います。仏教を学んだり、お坊さんになった方がいいと思うからです。夜はセキュータ（Cic.）、ドクゼリのレメディーを指示しました。このセキュータは、粒になった群になったような湿疹に合います。また、首の損傷、出産時に首を引っ張られた人に合います。

◎　ケース2-2の処方　◎

朝　：ヘパソーファー（Hep.／硫化カルシウム）
　　　水銀の排出、黄色い膿
昼　：マァラリア（Malar-N.／マラリアノゾース）
　　　信仰心を高める
夜　：セキュータ（Cic.／ドクゼリ）
　　　首の損傷
随時：φ水銀サポート

ですから、前世で首つりの刑をやられて首が伸びて死んじゃった人、ギロチンに掛けられ処刑された人にも合うというわけです。セキュータを指示したのは、耳が聞こえ難くなった理由のひとつとして、前世で首の筋が切れ、血管が切れたのではないかと思ったからです。

彼にすごく合っていたと思います。

次の回の事前アンケートで、難聴改善、耳鳴り改善、こぶが大きく改善。膿も大きく改善となっています。今、気になっていることは怒りの感情が湧いてきていること。顔の湿疹はよくなったけど、首の痒みが治まらないことです。

怒りの感情が抑えきれず、家で思わずきついことを言ってしまう。それを言った後に自分を痛めつけたい、許せないという気持ちが出てくる。恐れという感情をものすごく感じるようになった。特に人と接するとき、英語の勉強をするときなどがどうも怖い。彼は顔を見ても前世はヨーロッパ人ではないかと思います。

では次のＤＶＤを見ましょう。

〈DVDケース　3回目〉

[患者] これ（『インナーチャイルドの理論と癒しの実践』）買って読みました。
[由井] すごいじゃん。ちょっと難しいかもしれないけど。
[患者] いやいや、結構インナーチャイルドというか、自分にも必要だと思うので。
[由井] 必要だと思うんだね、だからやった方がいいね。
[患者] ホメオパシーをやって、今感じることは、怒りの感情とか悲しみの感情が出てきているので、ときどきそれが抑えきれなくて、母親に暴言を吐いたりと出るので、人に当たるというのがちょっと課題かなと思います。
[由井] まあ、ホメオパシーをやると浮上してくるのでね。君が我慢したもの、抑えたものが浮上して、出てくるんだよね。そこは不便ではあるがね。ただそういう風に怒っている自分がいる、悲しんでいる自分がいる、恐れている自分がいるということだよな。それは認めてやらなきゃいけないよ。
[患者] ほんとうにもう認められないと駄目ですね。
[由井] そうだよね。感情のままに生きたらいいというわけじゃないですよ。ただこうい

う未解決な感情があるということです。これを解決すれば、その感情も出なくなるわけですよ。最初、ほんとうに難聴であまり聞こえなくてさ、それで乳様突起（耳の裏側の突起）もすごく出ていて、それで耳から膿も出ているときもあったじゃない。だいぶよくなってきているよね。耳のこぶもすごい引っ込んできているじゃない。この乳様突起がぽこっと出ているというのは、ここに問題があるということだから。まだちょっとあるけれど、あの大きさじゃないよ。自分でもわかるでしょ。

［患者］わかりますね。

［由井］アトピーも治ってきたのがわかるじゃん。前の真っ赤っかと違うよ。

［患者］自分でもわかります。

［由井］神社とかいろいろ行きたいとか言ったりして、行くこともあるんじゃないの？

［患者］まあ、よく行きますよ。はい。

［由井］で、インチャのこともやろうとしているじゃん。祝詞、般若心経、やっているじゃん。そういうことが功を奏して、今君がこのように治っていこうとしているわけよ。積極的に自分の心が怒っているんだとか、積極的に自分の心が悲しいんだとか怖いだとか、それを見るようになったよね。

[患者] 見えますね。
[由井] だよね。それによって今こういう症状が楽になっていっているわけだよさ。神さま、仏さまの応援が来たからだ。
[患者] そうですね、やっときましたね。
[由井] 辛かったな、今まで。
[患者] まあ、今までの、前世の自分ですかね。それが一番辛かったんじゃないかなと。
[由井] 辛かったんだよ。
[患者] 夢で自分が首を切られた夢を見て、感覚もわかるんですよね。あれ首、あっ胴体がある、みたいなそういう感触があるんですよ。
[由井] 首はすごく君が弱いところだ。夢というのは潜在意識に落っこちているもの、それから前世の記憶なんか見せてくれる。これがないと結局頭、狂っちゃうんだよね。だから夢、大事なんだよ。
[患者] 感情、怒りとかを小学校のときに出し過ぎて、中学校のときもやっていたかな？　門を蹴ったりとか。それで、それは止めよう、大人になろうと言って、怒りの感情とか抑圧していった。それで高校に入ってから、なんか「あれ、俺ってどんな自分だっけ」みた

いな、無感情になってて、わからなくなってしまった。
[由井] それが抑圧だってわかるでしょ。
[患者] はい。
[由井] そんな話をね、してもこの子には通じるかなと思うときもあったの。私も最初はね。君の魂が偉かったんだよ。やらなきゃと思ったみたいでさ。だから君の心があるわけだよ。心が悲しみ、心が怒って、心が恐れている。その心を曇らせてしまったのは価値観だよ。「怒ってはいけない、大人だから」というこの世的価値観で抑圧したから、心がわからなくなってしまった。確かに怒りに対してはそうかもしれない、カルマになるからさ、やっぱり、相手に対して。でも怒っている自分も認めてやらないと。腹立っているんだからさ。その気持ちを分かってあげようね。また忍耐って大事だな。
[患者] 難しいけれど、実践できるようになりたいです。
[由井] だから君もね、こういうのを受け取った前世でね、魂は自分の魂を磨いて霊性を上げたいからこそ、こういう苦しみを受け取ったんだよ。そうじゃないとこんなことしないから。いや、もう私、いいです。そんな激しい生き方したくないですという魂、多いんだから。こんなの受け取って偉いじゃん。そしてそのトラウマを解決せんがために今回生

まれて来て、偉いじゃん。そう思わないか。
[患者] 思いますね、自分の魂は。
[由井] だから偉いじゃんってもっともっと褒めてやってよ。また来てね、待っているから。
[患者] こちらこそ、ありがとうございました。
[由井] 頑張っているぞ、君は偉いぞ。

〈ＤＶＤケース終了〉

すばらしいですね、若いのにね、ようやっています。

ちなみに彼の耳の症状はこんなに変化しています。こぶがこんなに大きかったのにこんなに小さくなりました。肌もきれいになっていき、アトピーもきれいになっていきました。体・心・魂を三位一体で癒すＺＥＮホメオパシーでこんなに改善しました。

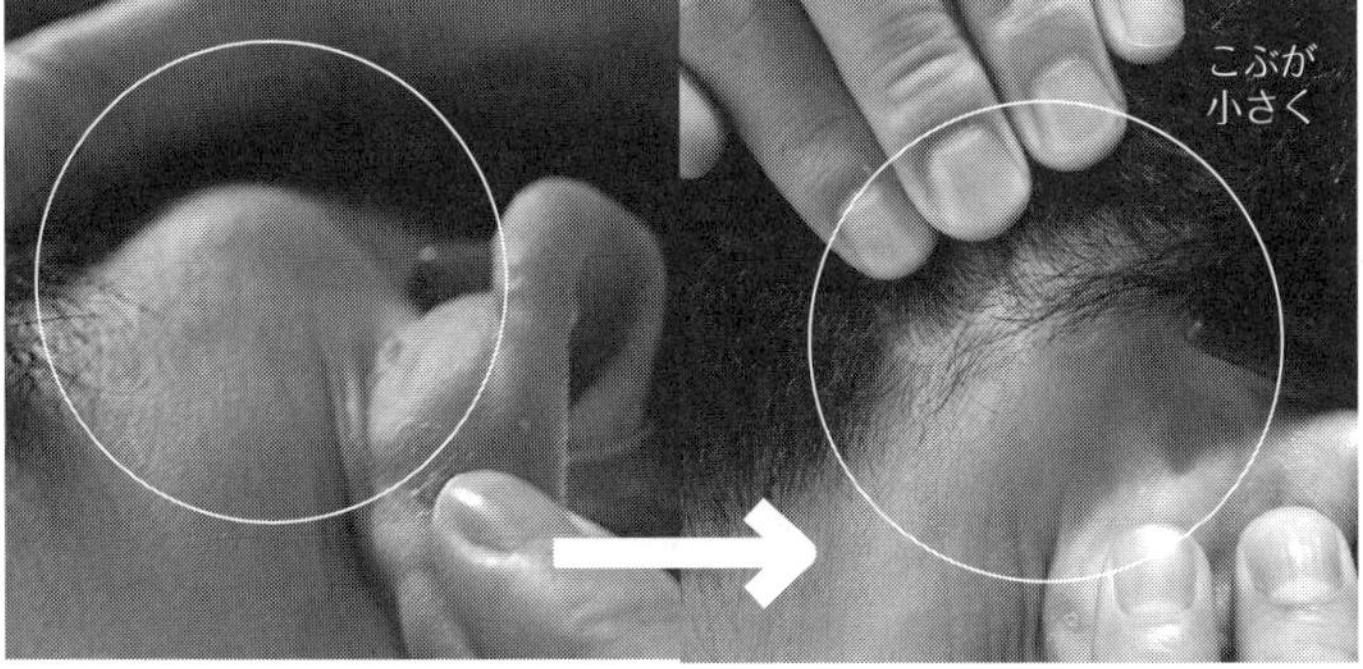

■修証義

カルマの法則など信じないと言っても、そんなことは通用しないんですね。これについては、『修証義《しゅしょうぎ》』に明確に書いているので、読んでみてください。

修証義というのは、曹洞宗の開祖、道元の主著「正法眼蔵《しょうほうげんぞう》」から重要な点を抜粋したお経です。その一番最初の総序《そうじょ》の中で、カルマについて書かれている部分、第四節、第五節、第六節を読んでみますね。

修証義（第四節　因果）

今の世に因果を知らず、業報《ごっぽう》を明《あき》らめず、三世《さんぜ》を知らず善悪を弁《わき》まえざる邪見《じゃけん》の党侶《ともがら》には群《ぐん》すべからず、大凡《おおよそ》因果の道理歴然《れきねん》として私《わたくし》なし、造悪《ぞうあく》の者は堕《お》ち修善《しゅぜん》の者は陞《のぼ》る、毫《ごう》釐《り》も忒《たが》わざるなり

【説明】

因果の道理を知らず、善悪の行いには必ず善悪の報《むく》いがあることがわからず、現世だけ

でなく、過去世、未来世の三世《さんぜ》があることを知らない、善悪の分別もない、むごい連中と群れるべきではありません。因果の法則は歴然としており、容赦の余地はありません。悪を造る者は堕ちてゆき、善を修める者は向上していく、これはほんの少しの狂いもないものです。

修証義（第五節　三時《さんじ》）

善悪の報《ほう》に三時《さんじ》あり、一者順現報受《ひとつにはじゅんげんほうじゅ》、二者順次生受《ふたつにはじゅんじしょうじゅ》、三者順後次受《みつにはじゅんごじじゅ》、これを三時という、仏祖《ぶっそ》の道《どう》を修習《しゅじゅう》するには、其《その》最初より斯《この》三時の業報《ごっぽう》の理《り》を効《なら》い験《あき》らむるなり、爾《しか》あらざればば多く錯《あやま》りて邪見《じゃけん》に堕《お》つるなり、但《ただ》邪見に堕つるのみに非《あら》ず、悪道《あくどう》に堕ちて長時《ちょうじ》の苦を受《う》く。

【説明】

善悪の報《むく》いについては、三つの時《とき》があります。第一は順現報受《じゅんげんほうじゅ》です。この世で行った善悪の報いを現世で受けます。第二は順次生受《じゅんじしょうじゅ》です。この世で行った善悪の報いを来世で受けます。第三は順後次受《じゅんごじじゅ》です。この世で行った善悪の報いを来世以降に受けるのです。

これを三時《さんじ》と言います。仏祖《ぶっそ》の道《みち》を修行してゆくには、その最初から、この三時のカルマの理《ことわり》を勉強して、明らかにしておくことです。そうでないと、多くはまちがった考えにおちいり、そればかりか、地獄・餓鬼・畜生という三悪道《さんあくどう》におちて長時の苦しみを受けることになります。

人生は不公平だと思わないことです。三世を通して見ることが大事です。今の自分は過去の行為の結果であり、現在の自分の行為が未来の自分を作っていくということです。

修証義（第六節　悪業《あくごう》）

当《まさ》に知るべし、今生《こんじょう》の我身《わがみ》二《ふた》つ無し、三《み》つ無し、徒《いたず》らにして邪見《じゃけん》に堕《お》ちて虚《むなし》く悪業《あくごう》を感得《かんとく》せん、惜《おし》からざらめや、悪を造りながら悪に非《あら》ずと思い、悪の報《ほう》あるべからずと邪思《じゃし》惟《ゆい》するに依《よ》りて悪の報を感得《かんとく》せざるには非《あら》ず。

【説明】

だから、よくよく知っておかなければならないのです。この世に生を受けた自分の体は二つも三つもないということを。無駄にまちがった考えにおち、この体で悪業をつくり、悪の報いを身に受けなければなりません。それは何ともったいないことではありませんか。悪を造っておいて悪ではないと思っていたり、悪の報いなんかあるはずないと、まちがった信念をもったところで、悪の報いを身に受けないですむというものではないのです。

■悪いカルマを消す方法

さあ皆さん、カルマは恐ろしいと震え上がっちゃった？　でも、「地獄に落ちるのが怖いから悪いことをしない」という考えでは人生つまらないですよね。インチャを癒し、愛が増えていくと、自然と悪いことはしなくなるものです。愛があると自然に反する行為、不自然な行為ができなくなるということです。

逆に言えば、愛がわからないうちはどうしても愛のない行為をするのはしかたがないとも言えます。たとえば人を否定してしまうとかね。愛を理解するために苦しみがあったりカルマがあったりします。

「俺、悪いごとしてしもったー、もうだめだー」と恐ろしくなって震えている人もいますね。そういう人には朗報があります。悪いカルマを消す方法がいくつかあるんです。

まずひとつは、何をするかというと、それに勝る善行をすればいいのです。

私もいっぱいカルマを作りました。おそらく前世でもいっぱいカルマ作ったと思います。だから、それに勝る善行を積むために、ホメオパスになって患者さんをいっぱいみることになったのかもしれません。そして、農民になって無農薬の野菜を作るようになったのかもしれません。

もうひとつは、般若心経を唱えるんです

愛があれば、不自然な行為はしなくなる

わ。般若心経には、カルマを解消する力がありましてね、「自分の悪いカルマが解消しますように」と言って般若心経を唱えると、カルマを解消できるんですね、皆さん。よかったね。

ただし、すっかりきれいにしようと思ったら普通の人でも3万巻ぐらい唱えないと綺麗にならないでしょうね。1日10巻として8年ぐらいかかるかな。

重いカルマがあると一生かけてやらなきゃいけないというところです。

ところで皆さん、私の兄のように自分を粗末にしたカルマがあるというのがわかりましたでしょ。自分を粗末に扱った人は、自分が粗末に扱われるような人生を受け取らなければならなくなります。だけど、そんな自分を粗末にしたカルマも般若心経で綺麗にすることができます。今思えば、兄はもともと自分を粗末にした魂だったんだなって思うんですね。だからほんとうは、絶望したインチャを探して、その子に声をかけてあげて、癒して上げることが必要だったんですね。

そしてカルマを綺麗にするもうひとつの方法は、意図的に苦しむことです。私は意図的に苦しむことをよくやります。股関節が悪いのに山に登っているのは、意図的に苦しんでカルマを綺麗にするという目的もあります。勘違いしてほしくないのは、股関節を痛めつけるためにやっているのではないということです。目的が股関節を痛めつけるためであれば、自分を粗末にするカルマになってしまいます。目的はあくまでもカルマの解消です。痛みがあるとき、その痛みを感じながら、自分が人に与えた痛みを受け取っていると考え、ごめんなさいと思うのです。そうして、こうして痛みを受け取ってくれた体、私の場合は股関節にもごめんなさい、そしてありがとうと思うのです。こうやってカルマを解消する方法もあります。

最後にもうひとつの方法というか、カルマの解消をサポートする方法として、バーバリスブイ（Berb.）というセイヨウメギのマザーチンクチャーをとるというのがあります。

バーバリスブイ（セイヨウメギ）

世の中には、罪悪感をあまりもたない人がいて、自分のカルマの解消を後回しにしようとする意識（無意識）をもった人がいます。もっともっと女遊びをしたいとかですね。その場合、魂の成長が止まってしまうわけです。

バーバリスブイのマザーチンクチャーをとると、そのような人に適度に罪悪感をもたせ、罪を償うべきという意識を高め、止まっていたカルマの解消を動かしはじめ、霊性を成長させる働きがあります。

カルマの解消を助けるようなものがあるとは驚きです。

カルマの解消もそうですが、なんでもさっさか早くやったらいいです。そうすると少なくて済みます。貯金に利子が付くように、カルマにも利子が付くんですね、後回しにすればするほど。だからバーバリスブイのマザーチンクチャーをとられて、カルマの解消を促進しちゃいましょうよ、皆さん。

■カルマの真髄とカルマを作らない生き方

　私の仮説ですが、否定された相手がその否定を信じず、流した場合、誰も傷つきません。そのとき否定した行為はカルマにならないのではないかと考えています。

たとえば、私がAさんに「君駄目だね」と否定したんだけど、Aさんがその否定を信じずに、「また、とらこ先生冗談言って」みたいにね。「いや、ほんとうに言っているんだよ、君、駄目だよって」と言っているんだけれど、「いや、また冗談言って」とかね。全然信じないいんだね。そういう場合、誰も傷つかないからカルマにならないんだと思いますよ。

　対して、自分は相手を否定したつもりはない、でも自分の行為で相手が傷ついてしまった場合、それはカルマになると思います。

　たとえば、ものすごく優秀な人がいた場合、周りの人に劣等感を抱かせるわけですよ。そうすると周りの人を傷つけてしまったようになるわけですね、そんなつもりはなくても。そうしたらカルマになるのではないかと思います。かといって、できないふりをしたらいいというわけではありませんが、秀でたところを見せつけるのではなく、他人を思い図る優しさというのは必要かもしれません。ものすごい美人な女性もそうですね。美貌や才能があればあるほど、謙虚になって周りを立てる必要があるのではないかと思います。

しかし、ときには相手の傲慢さを打ち砕いてやることも必要なんですね。等身大の自分がわからず、プライドで頑張っている場合、「君は君が思うほど美人ではないよ」「優秀ではないよ」と否定することが愛だったりします。あなたが今彼女にこれを言ってあげることが大事だと思い、愛からの叱咤激励なら言わなければいけないんです。でも相手が「そんな冷たいことを言って」となった場合、カルマになっちゃうんだよ、困ったね。

でも、言われて傷ついたとしても、自分の未熟さを認めて、受け入れて、駄目な自分を許していくことができたら、自分を否定した相手も許していくことができるし、感謝もできる。そうしたら、否定した人もカルマにならないんですよ、皆さん。だから許しって大事ですよね。

相手にカルマを作らせたくなければ、自分が辛く苦しいことをされたとしても、肯定的に受け取る努力をし、愛に変換することができたら、自分を救い、相手を救うことになると思います。

だから、「君ほんとうに駄目だね、使えないね」なんて言われたら、「応援ありがとう！頑張ります」と言えるぐらいになるといいんですね。

逆に言えば被害者意識が強ければ強いほど、こだわりが強ければ強いほど、相手にもどんどんカルマを作っているんだということ、理解した？　頼むよ、みんな。

かといって彼らも好きで被害者意識が強くなったわけじゃないし、それだけ否定されたということなんだな、その人たちも。だからそれもしかたがないことだから、許していかなければいけない。

だから、何が正しい行為で、何がまちがった行為であるかは、単純に割り切れるもんじゃないのですね。カルマというものも、法則のような決まり切ったものではなく、自分の魂の状態（霊性）や相手の魂の状態（霊性）によっても変化するものではないかと考えています。

相手を傷つけたらカルマになります。相手を傷つけたいのに我慢をして、相手を傷つけなければ今度は、自分を粗末にするカルマになります。どちらにしてもカルマになりますが、その場では怒りを我慢して、後でインチャ癒しをすれば、カルマは解消しますよ。また、怒りのままに相手を傷つけてしまった場合でも、後で悪かったと反省し、相手に謝罪し、許しを求めて、相手が許してくれたらカルマは解消します。すばらしいですね。

また、自分が相手を許す、愛することは、相手のカルマを解消してあげることで、相手にエネルギーを流すので徳を積むことになります。

たとえば、ゴミを拾うときに、ゴミを捨てる奴はけしからんと思って拾うよりも、自分もこうしてゴミを捨てたことがあったよね、自己中心的な自分に気づかせてくれてありがとうございますって、そういう気持ちで拾うといいですよね。

カルマを解消する鍵は、自分が傷つけた相手に謝罪し許しを乞い、許しを得るということ。これから傷つける場合は、事前に相手に許しを乞い、許しを得るということ。

たとえば、自然破壊は大きなカルマになる

と言いましたけれど、神事をやって事前に神さまの許可を得て、木を伐採してもいいとか、山を削っていいとなった場合は、カルマにならないのですよ。地鎮祭もしっかりやらなければいけません。

会社の社長であればね、トップであればさ、ある程度、社員を支配というか、コントロールしなければなりません。それは、しょうがないじゃないですか。で、また古くなったら、人でも物でも手離すしかないじゃないですか。もちろん、大事に使うという方法もありますよ。だけどやっぱり新しく変えなきゃいけない場合もある。だから、「60歳ですよ」と肩を叩いて、「どうですか、お辞めになりませんか?」と、これ、しょうがないですよね。そういうこともしなければ。やむを得ず否定しなければならないこともあります。でもそのときに「どうですか?」って。やっぱり許可や許しをもらうこと、思いやりをもつことがカルマを作らない大事なことだと思います。

そして動物を殺してしまったら丁寧に供養しましょう。そして成仏させましょう。一時、洞爺農場に鹿がいっぱい来て作物を荒らしてしょうがないので、鹿を撃ち殺していたときがあります。函南農場では、今もイノシシが出て畑を荒らして困るので、ワナを仕掛けて殺すことがあります。そのときにまず、殺した人がその場で、イノシシの怒り、恨み、無念の想念を昇華するために、般若心経を5巻と馬頭観音のマントラを5セット（15巻）唱えてもらっています。その後、会社に戻ってから般若心経を30巻唱えて成仏するように供養してもらっています。さらに会社の代表である私が般若心経を20巻、馬頭観音のマントラを6セット（18巻）唱えて、死んだ動物の供養と、動物を殺したカルマの解消をしています。カルマは殺生を指示した人のところに行くからですね。私がやっています。動物を殺したカルマを解消するために唱える般若心経の回数は、その人の霊性の高さによって違ってきますから、一匹につき20巻でいいとは思わないでくださいね。人によっては一匹につき100巻以上唱えなければならないこともあるでしょう。動物を殺すということを簡単に考えちゃいけません。

全てのものには命が宿っていますから、その命を粗末にするというのはカルマになります。私たちは蚊とか蝿とかバンと叩き殺したり、ゴキブリを見るとスリッパ持って叩き殺すじゃないですか。それも立派なカルマになるんですよ、皆さん。

ですが、そのカルマ以上の善行を積むことで、カルマを相殺できます。しかしできれば最初からカルマを作らない生き方ができたらベストです。

そのような生き方をするには信仰心が必要なのですね。神さま・大自然を尊敬し、仏さま・ご先祖さまを尊敬し、人々を尊敬し、動物・植物・微生物、全てのものを尊敬する心、それが大切になってきます。

　自分と他者、自分と世界は一体でありますから、他が傷ついたら自分も傷つかなければならないということだと思います。一方、他者にカルマを作らせたくなければ、傷つかない自分になっていかなければなりません。何を言われても、自分を成長させるためのありがたい言葉と思い、「ありがとうございます」と言える感謝の気持ちを作っていくことです。

　このように、カルマというのは個人的なものではなく、他との関係性にあるように思います。霊性が向上すれば向上す

るほど、正しさも、どんどん繊細になる印象があります。霊性が向上すれば向上するほど、行為に対する責任も大きくなり、小さなことでもカルマになってしまうという印象です。

だから嘘もつけないし、患者さんは言ってほしいよね、3カ月で治ると。こうね、期待しているんですよ、患者さんは。「先生、この病気は3カ月で治りますよね？」と質問されて、どうしようかな。嘘つけないし、どうしようどうしよう……。えーい、「3カ月で治らない！」。こんな感じになっちゃってね。

小さな子どもなら許されることでも、大人になったら許されないことがあるのと同じように、霊性的に大人になったらカルマとなる基準も引き上げられるということです。

「霊性上がったら損じゃん」とは思わないように。よりよく生きるためにカルマがあるのですから、それは悪いことじゃないですよ。

高いレベルでカルマとならない生き方をするというのは、中庸《ちゅうよう》（偏らず公正であること、調和がとれているさま）とは何かを見極めることだと言えるかもしれません。

私もね、「何だ、予防接種は」とか「何だ、農薬使いやがって」「何だ、モンサントは」「何だ、添加物」「何だ、アスコルビン酸」と、何だ、何だとばかりやっていたのですよ。でも私はそのアスコルビン酸の入っている麦茶に救われたわけです。寒かったんだ。

110円入れて、麦茶を買ったらアスコルビン酸が入っていた。「何だ、こんなもの！」と昔は言っていましたよ。何だ、こんなものじゃない、「ありがたく、いただきます」って。で、温まりましてね。

はじめて自動販売機にね、深々と頭を下げました。昔だったら叩き壊してやろうかと思っていました。息子や娘がコーヒー飲んだりするじゃない、こんなのがあるからと思っていてね。このような生き方じゃカルマを作ってしまうわけですね。

だから、中庸なんですよ。その人の魂がどうしたら成長できるかを第一に考え、それを見極め、適切な行為をすることが、高いレベルでカルマを作らない生き方だと思います。

私、患者さんが来るとね、この人の魂はどうやったら成長するかってまず第一に考えるのです。一人ひとり考えます。で、これを言ったらこの人は受け入れられるだろうか、これを言ってもこの人は鈍感で感じないいんじゃないかとかね。ちょっといろいろ考える。駆け引きがあるのです、実は。だから、ある人にはどうしてステロイドを使うのかと怒るのに、ある人にはどうして使わないいんだと怒るんですよ。そうすると学生が、「先生どっちなんですか？」って質問する。すると私が「どっちもだよ」って答える。相手によって言い方を変えなければいけないのです。

火が燃えていて、それを止める力があるのに、止めようとしなければ、それは火を付けたのと同じなんですよ、皆さん。相手の考え、意識、行為が正しくないとわかったとき、それを知っていて、その人を正しく導く力があるのに、導かないとしたら、その導かないという行為が、カルマになることも有り得るのです。

だから今日は私の患者さんたちを招待していますけれど、あなた方にいろんなことを言うかもしれないけれど、あまり否定されたと思わないでほしいのね。否定しているのではなく、あなた方のためを思って、本音で勝負しているだけなのです。よろしくお願いします。

もちろん指導のしかたがまずくて、相手が恨みながら死んでいくようでは、その指導は正しくないとも言えるでしょう。だって受け入れられないんだから。だから、正しいからって全部が全部言っていいというものでもないわけです。

指導の結果、相手が自分の過ちに気づいて意識を改めたり、未熟な自分を認め、駄目な自分を許していくことができたなら、その指導は正しいとなるでしょう。

もし、相手に注意するのであれば、相手が受け入れられるように伝えることが大事です。何事もバランスが大事だということです。「中庸を究める」ということが魂の成長であり、そのためにカルマは存在するのではないかと思います。私も心して精進したいと思います。

ですから、意志・感情・行為、その流れを止め、苦しみを与える行為だけではなく、魂の成長や霊性の向上を止めたり、気づきを遅らせる行為も、カルマになるということです。

たとえば、上の子が発達障害で、下の子に予防接種を打たせようとしているお母さんに「どう思う?」と聞かれているとき。あなたが、予防接種で発達障害になるリスクが高くなることを知っているのであれば、ひとこと、「有機水銀やアルミニウムが入っているワクチンを接種すると、自閉症になりやすくなるみたいですよ」と言ってあげてもいいと思うんだよね。

病気というのは、神さま仏さまがつくるものです。大切なことに気づけるようにです。だから私が病気を治してよいのは、患者が霊性向上につとめるという条件がついているわけ。霊性向上につとめない患者は、私はみることはできないということ。もし、霊性向上につとめない患者を治してしまったら、気づきを遅らせ、魂の成長を遅らせ、私がその患者のカルマを受け取ることとなってしまうのです。

こんな人がいました。生まれる前に、生まれたら霊性を高め、導師となって人を導くと、自ら課題を持って生まれてきたのに、それをしないがために病気になっている人がいました。もし今世でこの課題をクリアしなかったら、やはりカルマになってしまうのです。なぜなら、この人は導師になると誓って生まれてきたのだから、その人を師として仰いで、その人について行こうとした魂がいるわけです。その魂が子どもたち4人であり、奥さんだったのです。でも全員がものすごく霊性が高いのです。でも旦那さん、そういう修行はしたくないと、子ども4人と奥さんの全員、般若心経、祝詞をやっているのに、自分だけやらないのです。自分は導師になって、皆を導くと誓ったはずなのにしないのです。その器があるから神仏と相談して自ら課題にした。なのにやらない。

ですから彼はものすごく難しい病気でした。それを私が治してしまったのです。私は治すべきじゃなかった。治してはいけなかった。

ご神仏さまがこの人を病気にして、苦しみを与えることで大切なことに気づかせ、霊性向上の道を歩ませようとしていたのに、私がこの人を治してしまったから、この人は大事なことに気づくチャンスを無くしてしまいました。それは私の罪（カルマ）になります。ですから私もカルマを解消するために、彼の課題を伝えたんですね。でもやろうとしないというのが現状です。ですから、もし彼がこのまま霊性向上の道を歩まなければ、病気は必ず戻ってくるでしょう。

私のクライアントの中には、こういった方がけっこういます。ここに来ている人も、ご守護霊さま、ご先祖さま、ご神仏さまの導きがあって今ここにいる人も多いのではないかと思います。だから皆さんの中にもそういうことがないかどうか、まあ脅かすわけじゃないけれども霊性を上げることを一生懸命やっていただきたいと思います。

私は26歳のとき、まだホメオパシーも全然知らない、バリバリ働いていたときですね。占い師がね、あなたには無数の手が見えると言われたのです。「なんて気持ち悪いことを言うのだろう、このおばさん」と思ったのですが、今思うと正しかったなと思うわけです。私がZENホメオパシーをやる前から、私に救いを求めていた魂がいたんだと思いました。「あなたに手を出している」ってね。「いっぱい、1万以上の手が見えます」ってね、こういう映像だったのです。そのときは、私が手の形をしたブローチをしていたからだろうぐらいに思っていましたけど、救いを求める手だったのですね。

だから、私自身も霊性の向上を止めるわけにはいかないわけですよ。

苦しんで死ぬことは、カルマの清算をしているので、決して悪いことではありません。兄が癌で苦しんだことは、魂の浄化という点から見ると、悪いことではなかったのです。むしろとてもよいことだったのです。

しかしできれば苦しまないでPPKでいきたいですよね。PPKというのは、松尾会長(日本ホメオパシー医学協会会長)がいつも言っている、「ピンピンコロリ」のことですけれども。そのためには、カルマをつくらない生き方をしなければなりません。

カルマを作る大きな原因は否定であり、怒りの感情であると言いました。カルマを作らないためには、できるだけ否定しない生き方をすることです。誰も傷つけない生き方です。

そのためにはインチャ癒しをして、怒りをイメージで解放する必要があります。

そして怒りを作り出す、この世的価値観を解放していく必要があります。この世的価値観を解放していく方法については、さきほど言いましたよね？　覚えていますか？　忘れた人はインチャの本やＤＶＤをみてください。

そして、正しい信仰心をもち、正しい目的をもち、正しい生き方をすることです。ひとつひとつの言動を意識して注意深くすることです。


ところで、カルマで私がひとつ思うことがあるのです。

今の私の命は膨大な先祖の命のリレーによ

って存在するものです。

千年遡ると、私の先祖の数は、現在の地球の全人口75億人を上回ります。

さて今度は、私が高宮君を怒ったとします。「駄目じゃん、高宮君」って。そうすると高宮君が怒りの感情をぐっとこらえて、だって私は上司だからね、こらえて、インチャとなりました。その後、高宮君が残りの人生の中でそのときの未解決な怒りをふたりの人にぶつけたとします。そして同じようにそのふたりもそれぞれ死ぬまでにあるふたりに怒りをぶつけたとします。そうして千年経つと75億人以上の人に対する、否定の連鎖となります。どうですか、これ。とても恐ろしいことだなと思ったのですよ。中にはその否定が原因となって、殺人事件が起こるかもしれません。このようなことを考えると、おいそれとは否定できなくなりますよね。たとえ高宮君がうまくできなくても。

そして、世の中の殺人事件についても見方が変わってきます。その事件と自分が無関係とは言えなくなってくるのです。世の中で生じる出来事を見て、自分自身の行為を振り返るきっかけにすべきと私は思います。

また、否定はこの世的価値観からもたらされますから、安易に人に自分の価値観を押しつけてよいのか、信じ込ませてよいのか。カルマのことを考えると、いろいろ考えさせられます。

■ケース3　脳症（植物状態）（3歳・男児）

この子は脳性麻痺で植物状態になっています。胃ろうもしているし、人工呼吸器も付けています。2時間に1回痰をとらないと呼吸困難で死んでしまいます。こういう状態です。はい、じゃあこのケースを見ましょう。どうぞ。

〈DVDケース1回目〉

[由井] よう来た、よう生きとってくれたな。ありがとうな、お母さん、大変だったな。
[母親] 一回、心肺停止になってそれで蘇生後脳症でこの状態。
[由井] 中隔欠損（心房中隔欠損のこと。心臓の右心房と左心房の間を隔てる筋肉の壁・心房中隔に穴が開いた状態）だったの？
[母親] 中隔欠損です。生後日で、17日目で1回目の手術。
[由井] おー大変だったな。
[母親] これ（チューブ）が胃まで入っていて。

［由井］胃か。鼻からじゃあ胃ろうを。

［母親］ご飯を。

［由井］ここから酸素と入れているわけね。

［母親］入れています。

［由井］たんの吸引もしてやって。詰まっちゃったらいけないからね。

［母親］夜中も眠れずに2時間おきにこれ、やっています。

［由井］どうして○○ちゃんがこのような状態になったのか。カルマだそうですわ。それは父方、この子のお父さんの先祖、ばあちゃんのお母さんという感じかな。100年以上前になるとは思いますけれども、なんかふたり子どもを中絶したみたいで、その報いは本来ならお父さんが受けてもよかったわけでしょ。だってお父さん

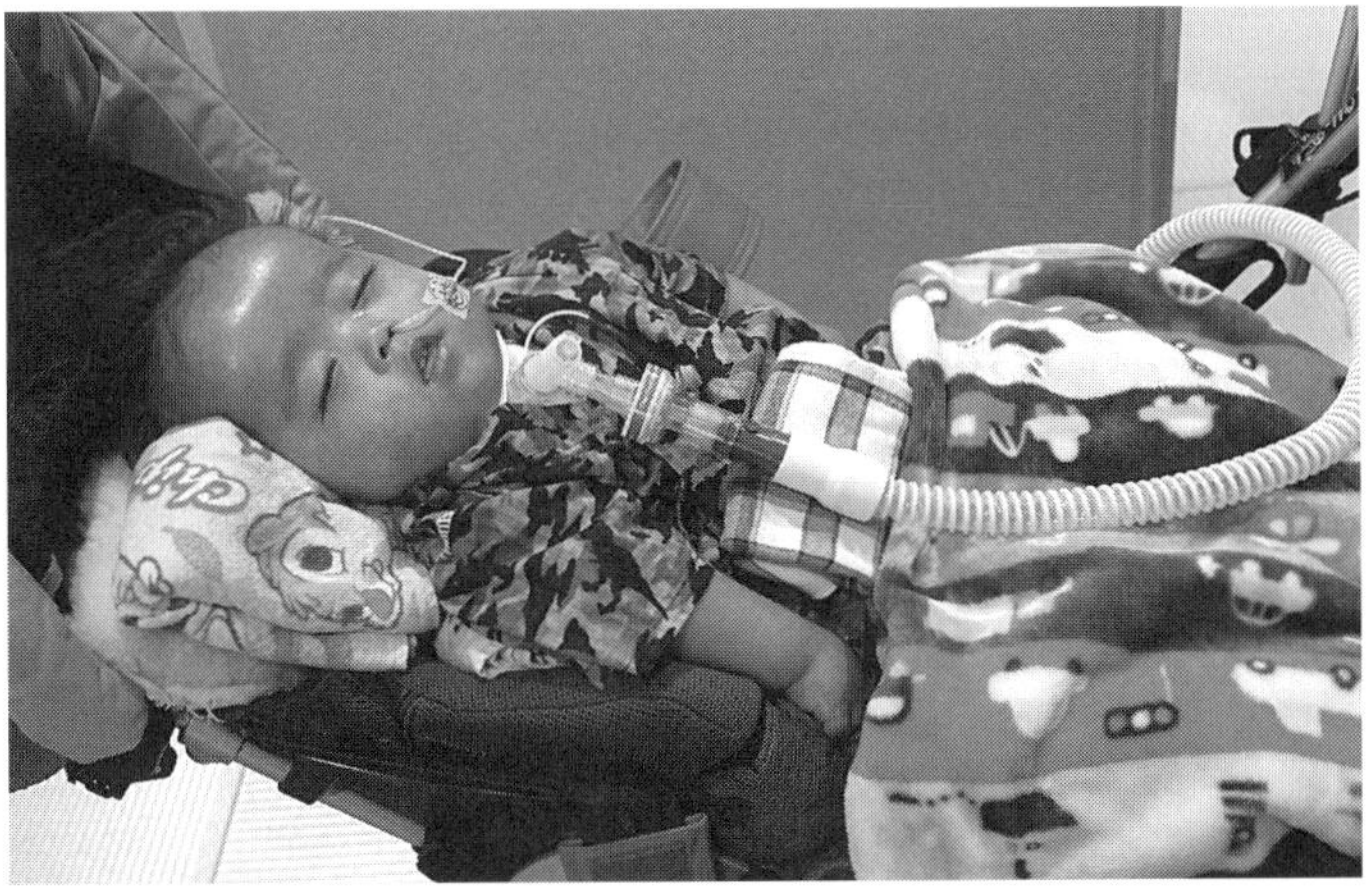

の先祖のカルマだから。でもこの子がずっと前から自分が受けるから、お父さんも兄ちゃんも受けんでいいと言ったみたい。自分でね、選んでカルマを、その報いをこの子が全部受け取ったそうです。こういう状況になってカルマの解消の役目を自分がやりたい。それができて幸せだと言っているんだよ。手術もいっぱいあって辛かったろうにさ。自分が選んでこのような状態になっているということを、お母さんがわかってくれるとすごく嬉しいみたい。わかってくれて、あなたが腹から受け入れたら、死んでもいいんだって。だからまあ大変言いにくいことですけれど、4歳ぐらいでは亡くなる。私がレメディーをやったからって生き返ることはお母さん、ないんだよ。ひとえに自分はこうやって来たよってあなたにわかってもらいたかったみたい。

(男児を見て)そうやって伸ばすんだ。

[母親]（レメディーをとって）動くようになったのですよ。

[由井]そうか、そうか。涙もボロボロ流して。

[母親]涙を流して。

[由井]わかってくれたよな。今日、言ったよ。言えと言うからおばちゃん、言ったんだよ、お母さん、わかってくれたな。よかったな。

［母親］口開けた、パクパク。嬉しいと言っている。

［由井］こうやって、涙も流してな。おばちゃんやっと言ったよ。あなたもね。お父さんとお母さんの間で一番あなたが言いたかったことは、自分が役に立って、お父さんを鎮められればみんないいことになるんだ。だからお父さんの機嫌を取るよ。頑張ってやるよ、私……というインチャだよ。

［母親］そう、実家がＤＶ家庭だった。私の実家が。暴言と母に対してすごかったので。

［由井］あなたにはしないの？

［母親］私は、すごいかわいがられていたんですよ、父親には。でも姉ちゃんはすごい暴言を吐かれていた。でも、母親が殴られているところとか、罵声を浴びせられているところをずっと見ながら育ってきたので、

［由井］この母を助けられないという
［母親］そうですね。

［由井］そういう無力な自分、無力感って感じなかったかね？　自分の無力さを正面から見るのが嫌だから、この子がこのようになっていく状況からある程度逃げたかったというのもあるということ。これが事実だと思うのですよ。

［母親］そうなんですよ。見られない。逃げたい。すごく逃げている感じはありました。

［由井］それは役に立たなかった自分を責めているということだよ。小さい頃のあなただ。そこのインチャ癒しをやってごらん。実はこの子は霊性がものすごく高くて、ベビーなんだけれど、彼は悟りの境地にいっているわけよね。そのカルマを減らすために、般若心経、500巻をお母さんにやってもらいたいんだよ。父方の先祖がやったカルマがきれいになりますようにと言って般若心経をすることで、この身を挺してやったことも受け入れられると思うので、ぜひ、やってもらいたいんだ。

［母親］わかりました。

［由井］ただこの子をね、神さまだと思って尽くしてやって欲しいのだよ。

［母親］わかりました。

［由井］こういう体になることをわかっていて、そこに私がやりますと手を上げたこの子の魂はやっぱりものすごく美しいし、勇気があるし、すばらしいなって。あなたが見送ることができるように、心を癒していく必要がある。特に、自分が役に立たなかったじゃないかと責める、昔の癖ね。この子が亡くなったとき、自分は何の役にも立たなかったと、また自分を責めちゃうと、あなたも鬱になったり病気になってしまうし、それはこの子が

望んでいない。私の所に来ていろんなインチャ癒しをしよう。そうか、そうか、あなたの人生は大変だったな。
［母親］ありがとうございます。
［由井］よくやってきた。（男児に）いい子だったな。目を覚ましているのな。わかるよ、わかるよ、レメディーが入れば少し楽になるけんね。

〈DVDケース終了〉

まあこういうことを言うのはちょっとね、大変ではありますが。命の限りがあるから、その限りがある中でその子とかかずらうのを一生懸命やってほしいと思います。明日も明後日もずっと命があると思っていても、それはそうはならないと思います。なのでこんな形で話をさせていただきましてね。

生まれてきたら多くの人を救うような、志の高い魂をもった子どもを堕胎してしまうというのは、やっぱりすごく大きな罪、カルマになっていくわけですね。たぶんそういう子どもだったのではないかと思います。もちろん、どんな魂が宿る胎児であろうと、堕胎することは、カルマになります。胎児もこの世に生まれ、カルマの解消や霊性向上などやるべきことをやりたいと思っていますから、生まれることなく殺されるとものすごい無念となり、成仏できなかったり、成仏してもその無念の想念が残り、両親や自分の兄弟となるはずだった人にとりついたりします。

ですからきちんと供養をしてあげてください。また、自分でも堕胎した胎児の気持ちに共感しながら、心経を唱えてください。そうすることで、胎児の無念さというのもなくなっていくと思いますので、よろしくお願いします。

ＺＥＮホメオパシーの指示は、次の通りです。

まず随時は、神経のサポートです。親子両方に指示しました。母親は、寝る暇もないぐらい子どもの面倒をみなければならず、この子は麻痺がありますから、神経のサポートにオピウム（Op.）ケシのレメディーをプラスし、親子でとってもらいました。

朝はプラタイナ（Plat.）、プラチナのレメディーです。人生に嫌気がさしている人に合うレメディーです。お母さんにとってもらいました。

昼はアーセニカム（Ars.）、ヒ素のレメディーです。体・心・魂、３つのエネルギーを正常化するレメディーです。親子でとってもらいました。

夜はブライオニア（Bry.）、ウリ科の植物のレメディーです。両親からの励ましや優しさやクッションがなかった人に合います。お母さんにとってもらいました。自分が守らなければ家庭崩壊してしまうというすごく厳しい状況で生きていた人だからですね。今も厳しい状況です。２時間に１回は起きなければいけないからですね。

じゃあ、２回目見ましょう。

〈DVDケース２回目〉

［由井］○○ちゃんの感じどうかな？

◎　ケース3-1の処方　◎

朝　：プラタイナ（Plat.／プラチナ）母に
　　人生に嫌気がさしている
昼　：アーセニカム（Ars.／ヒ素）　母と子に
　　魂、心、体の３つのエネルギーを正常化する
夜　：ブライオニア（Bry.／ブリオニア）母に
　　両親からの励ましやサポートがない
随時：φ神経サポート＋オピウム（Op.／ケシ）母と子に
　　無上の幸福感

［母親］なんか、笑ったり、動くようになったり、今までに無い動きが出てきたのですよね。日に日に元気になっていくというか、何て言うんだろう、笑うようにもなってきたし、声もちょっと「うー」っという声ですけれど。

［由井］出るんだね。

［母親］出るようになったし、体もこんなこと動くようになっちゃって、あれ、快復しているなと思って。

［由井］レメディーをとるとこの子が動いたり声を出したり、なんか必ずそうなるんだよ。親としてはひょっとしたらと思うけれど、もう（体を）切っちゃっていて、酸素も入れている状態で、ほんとうに現代医学がなければこの子はとっくに死んでいるわけだよ。

［母親］なんかまだどこかで半分動いている姿を見ちゃうと、まだ生きる、まだ生きる、この状態がずっと永遠に続くんじゃないのかと思ってしまって。なんかその「死ぬ」ということがまだ半分信じられない。

［由井］まあ今の生きている間にね、この子もね、より多くの感情表現があなたと一緒にできたらいいなと思っていると思うよ。ただ、笑うことも声を出すことも、あなたとの感情表現の交流なんだよ。だから交流がしたいんだと思うよ。いつかはこの子は亡くなって

いくんだというのは、そしてそれを受け入れた上で、自分はじゃあこの人生を、この今生きている彼とどうやっていこうかと考える必要があると思うよ。

[母親]そうですね。この間の相談を受ける前より、○○ちゃんに対しての意識というのが、すごくベクトルがそっちにごーっと向いて。

[由井]ただね、それをしなかったら、あなたはマッサージやっているんだっけ?

[母親]ヨモギ蒸し
[由井]そこにいっぱいエネルギーがいってしまって、○○ちゃんを置き去りにしてたら、あなた、絶対に後悔するんだよ。後悔したくないだろう。

[母親]したくないです、ないです。

[由井]だから今、こういう状態で、こっちは少し減らして彼に向かっていくことが大事だよということを私は言っているんだよ。でもそのときに後悔を、その半減できるというのがいいんじゃないかと思うのだよ。

[母親]そうですね。

[由井]親としてさ、子どもを助けられないというのがどれだけ辛いかね。でもひたすら自分は何の役にも立たない、助けることができないという状況にひたすら耐えるんだよ。

これは大事。小さい頃のあなたは、自分はこんなに一生懸命、お父さんの機嫌がよくなるために一生懸命やった。そのときの子どものあなたはどう思ったかというと、自分にはできない。救うことはできないと思ったはずなんだよ。その小さい頃のあなたを癒して欲しいんだよ。小さい頃に一生懸命頑張ってやったんだから、まずその子を褒めてあげなよ。「偉かったね。頑張っていたな、△△ちゃん」って、ひとことかけてあげる？

[母親] かけてあげられます。

[由井] それをやっていこうよ。だからあなたが癒える、心が癒えていくこと。そうすることで彼も安心して、じゃあ天界に戻るねって言えるんじゃないのかな。

[母親] すごく私も変わって、今まですごい結構わがままだったのですけれど、○○ちゃんを見ているだけで自分で、自分の力で息できるだけで感謝で幸せなことなんだなというのを彼に教わって、今、なんかすごい当たり前のことが感謝で溢れているというか、自分で指を動かすだけでも感謝だし、それだけで私、幸せ。ほんとうにお兄ちゃんが元気に走っているのを見るだけで幸せで涙が出てくるくらい、この子からいろんなことを教わったので。

[由井] そうだよ。

［母親］〇〇ちゃんによって救われたというか。

［由井］あなたの霊性も上がったし、見方も違ったよね。

［母親］別人になりました、彼のおかげで。ほんとうに。

［由井］だから生きてるってだけで幸せだって。ここで幸せを見つけなければどこに行っても幸せはないんだ。

［母親］スタートって感じですね。何かようやく。


〈ＤＶＤケース終了〉

　今まではヨモギ蒸しに力を入れていましてね。それをすると人の役に立って、みんなからありがとうと言われるからね。だけどもそのエネル

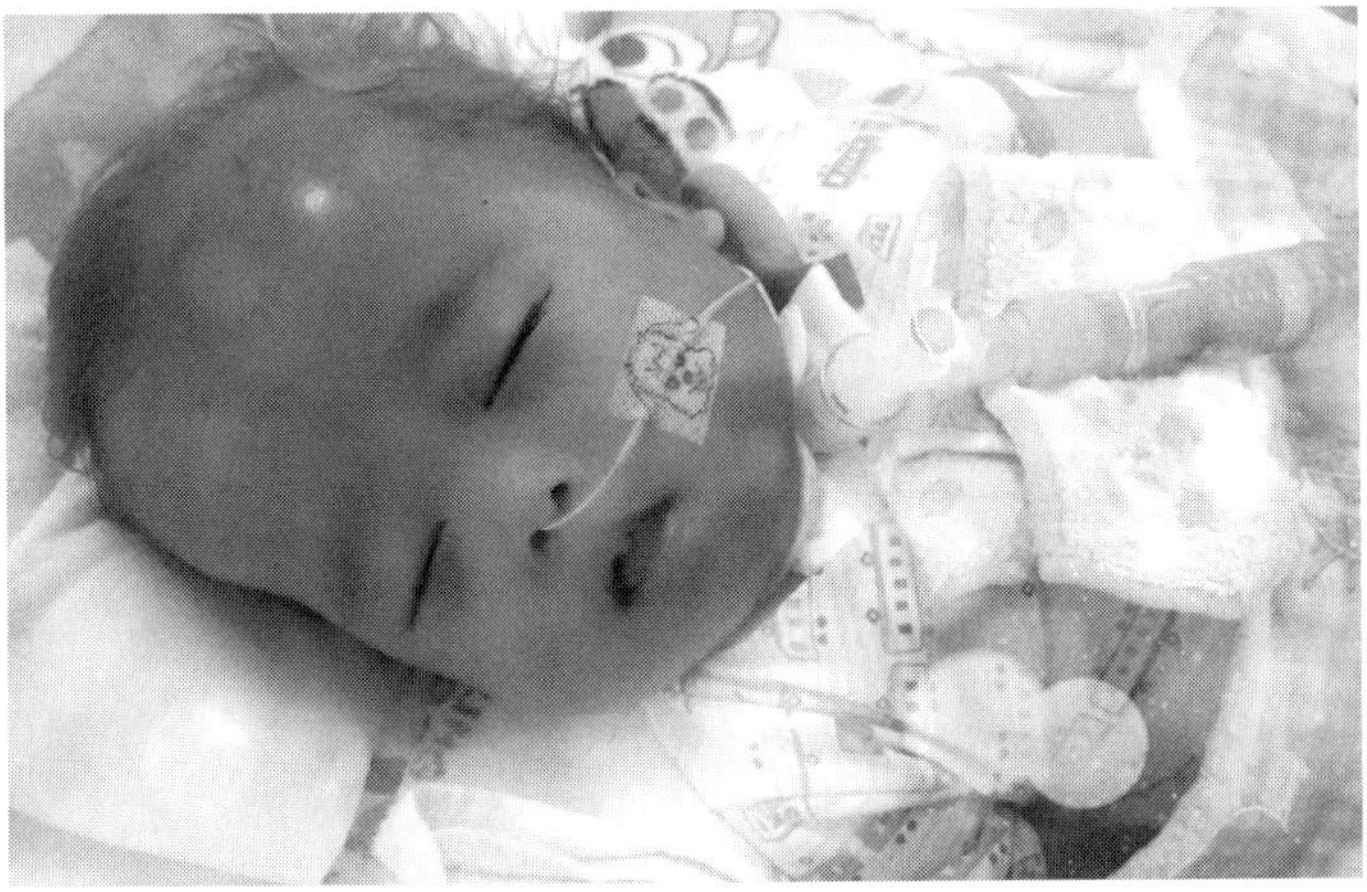

ギーを、彼の看病の方にもっていこうとしています。彼が生きている間に一生懸命面倒みてあげること、彼との関係を作っていくことが、彼女にとってとても大事なのです。

彼女は魂を成長させていこうとしているのがすごくわかります。前向きに受け入れていこうとしていますね。

ZENホメオパシーの指示は、次の通りです。

まず随時は、腎臓のサポートです。そこにアドレナリン（Adren.）のレメディーをプラスしてとってもらいました。いつも子どもが死ぬんじゃないかと考えていて、はっと目が覚めたときにすぐに痰をとる行動を移さないといけないという状況です。アドレナリンが出ていますよね。これを楽にするレメディーです。

朝はコースティカム（Caust.）、水酸化カリウムのレ

◎ ケース3-2の処方 ◎

朝　：コースティカム（Caust.／水酸化カリウム）
　　　過剰な同情心
昼　：ディプシライナム（Diph.／ジフテリア）
　　　嫌だインチャ、負けたくないインチャ
夜　：イグネシア（Ign.／イグナチア豆）
　　　悲しみ、悲嘆
随時：Φ腎臓サポート＋アドレナリン（Adren.／アドレナリン）

メディーです。過剰な同情心に合うレメディーです。

昼はディプシライナム（Diph.）ジフテリアのレメディーです。嫌だインチャ、負けたくないインチャをきれいにするためにジフテリア菌のレメディーが必要になります。

夜はイグネシア（Ign.）イグナチア豆のレメディーです。悲しみ、悲観に合うレメディーです。いつか死んでいくことを受け入れなければならないので、常に悲しみと共にいますから。

このようなレメディーをとって、3回目、どうぞ。


〈DVDケース3回目〉

[母親] 元気に頑張ってます。○○ちゃんほんとうに変わらず頑張って生きていますね。ほんとうに今寝不足で2、3時間おきに起きて吸引とかしているのでどうしても体の疲れがやっぱりちゃんと取れなくて。
[由井] でも肌のつやはいいよ。
[母親] なるべく自分で休まなければいけないと思っていろいろマッサージに行ったり、

時間をうまく使って。
[由井] やっている？　自分を大事にするということだね。少し寝られて、その途中で寝過ごしたなあというとき、あなたは罪悪感になってしまうの？
[母親] まだ少しはあるんですけれど前よりはずいぶん
[由井] 減った？
[母親] 減りました。ほんとうに。
[由井] そこそこ
[母親] 減りました。
[由井] それをやらないと身がもたないから。それで夫の方とか家族の方は変わったかね？
[母親] 仲いいですね。そんなに喧嘩もしないし穏やかに。
[由井] 助けてくれる度合いが増えたとかそういうのはどうかな？
[母親] そうですね。パパは前よりやるようになったかな。私が具合が悪いときはもう絶対パパが夜、面倒を見てくれるし、ちょっと手を出す回数は増えたかもしれないですね。
[由井] 祝詞と般若心経は、寝ることで目一杯で大変？
[母親] でも、唱えていますね。全然体調が違って。

[由井] わかるでしょ。

[母親] 全然違いますね。何日間、2、3日唱えていないと思うと、やっぱり具合が悪くなって、毎日しっかり唱えていると違うんですよね。

[由井] そうそう、神さまに対するドアをノックするということだから般若心経、祝詞はね。今日も1日ありがとうございますとか、霊性の向上ありがとうございますとやっていくことは、自分から神と繋がろうとする意識がそこに表れるんだよ。もうちょっとこう周りの人のサポートがいるんだな。夫とかそれから義理のお母さんとかお母さんとかね。

[母親] ずいぶん手伝ってくれるようになりました、ほんとうに。前は全然何もなかったのですけれど、うちの実の母がすごく変わってすごい手伝ってくれるようになったので。

[由井] だからさ、誰の手伝いもない中で自分ひとりでやっていながらよ。その上にヨモギ蒸しもやっていたってわかるかい。

[母親] すごいことをしていました。信じられない。

[由井] それって自分を粗末にするということでしょ。

[母親] そうですね。ほんとうに酷かったと思う。

[由井] ほんとうにホメオパシーに出会ってさ、だんだん、どう自分を大事にするのかと

いうのがわかってきて。そして今に至るわけだけれども、もうちょっと助けて貰ってもいいと思うよ、私は。

［母親］○○ちゃんで一番心配なのが、呼吸器をずっと24時間繋いで、機械でも空気が送られて呼吸が上手にできている状態なんですけれど、その呼吸器を離脱する訓練をちょっとずつ始めていて。できれば最終目標は、呼吸器なしで自力の呼吸だけで生活して、夜は人工呼吸器を付けてというのを目指しているんですけど、外の風を当ててあげたいと思うときに、抱っこして呼吸器外してぽっと外に出られると楽なんですよ。呼吸器持って○○ちゃん抱えてだとほんとうに無理なので、30分ぐらいだったら全然問題なく外せて、自力呼吸で大丈夫なんですけれど、1時間ぐらい外すとその場では大丈夫なんだけれど、夕方疲れが溜まるみたいですごい痙攣、筋緊張、呼吸が苦しくなってぐわー、ブルブルとなっちゃって、そういう姿を見ているとほんとうにこの離脱は必要なのかなとちょっと悩んじゃって。

［由井］（少し考えて）私はどんどん外に出したり風に吹かせたり、雨が降っているよとか桜、○○ちゃんきれいよねとか、それをやってよ。思い出がいるんだよ。だから外した方がいいと思っているわけ。

［母親］そうですね。

［由井］わかるよね。だからいっぱいの思い出を作っておかないと君が寂しく思うんだよ。あっ、花も見られたな。雨降っているな、○○ちゃん体験したな、太陽もあたったなって、わかる？　これをやって欲しいから30分でも1時間でも外してもっていけって思う。

［母親］そうですね。

［由井］わかるな。たとえ後で体調が悪くなったとしても、生きている間に思う存分彼が体験できるとこをやらせて欲しい。

［母親］ほんとうにそうですね。

［由井］よし、やろう。たとえ命が短くなったとしても罪悪感にならんでいいよということ。またね。お大事に。大事にしたくてもな、2、3時間に1回起きなくてはいけないからな。よう頑張っているな、偉いぞ。またおいでや。

［母親］はい

〈DVDケース終了〉

この人が子どもの頃、父親が母と妹に暴力を振るっていたのです。それで、父親が暴力を振るわないように機嫌をとることが彼女の役目だったわけです。だけどときどき失敗していてね。結局、お母さんが蹴られたり殴られたりしていたのです。そして、自分がうまく踊れなかったから、お父さんにうまくお酌ができなかったからと自分を責めていたのです。ですから自分が寝坊してしまって、この子がチアノーゼになったりすると、あっ、自分が悪かったと、またすごく自分を責めてしまうのです。まして寝坊して起きてみたらこの子が死んでたとなったら、自分を蝕むように責めるでしょう。ですから、お父さんの機嫌をとれなかった罪悪感のインチャを癒す必要があるということなのです。

この子は、今お医者さんからの指示で、呼吸器を離脱する訓練をはじめました。私としては、1時間ぐらい呼吸器を外してもらいたいと思っています。そしたらもっともっと庭にも出られるし、遠くにも行けるからですね。でもそれをやると夜に痙攣を起こすわけです。それは虐待じゃないかと私に聞いてきたのです。私は、痙攣が起きようがどうしようが、とにかくこの子との思い出をいっぱい作って欲しいのですよ。この子が外にも出られない状態で終わらせるよりは、短くてもいいから外に行って、乳母車に乗せてでも外の空気を吸わせた方がいいと思っているから、外に出て行って、思い出をいっぱい作ってという話をしました。ずっと家の中にいて少し命が長らえたとしても、心に残るふたりの思い出がないというのは悲しいと私は思っています。もっともっと母子で思い出があったほうがいい。風船も買いに行った。ブランコのところにも行った、一緒にね。もちろん乗れませんよ。でもお母さんが抱っこして一緒に乗って揺れることはできるわけだよ。呼吸器を1時間離すことができれば。そんなところです。

■大雪山の峰入り

長いヨーロッパ講演も終わり、この暑い日本に帰って来ました。帰国して一週間後に洞爺ツアーがあり、その後、大胆にも、大雪山縦走を試みてしまいました。避難小屋で一泊二日の道のり、最終的には、北海道最高峰の旭岳２２９１メートルに登る予定を立てたのです。

１日目は、晴天で途中までロープウェイで行って、黒岳１９８４メートルに向かって歩き始めまして。縦走全体は15キロ以上ありますけれども、アップダウンがありますから、やっぱり体にはこたえますよね。右の股関節が悪い私は、水や食料、着替えも担いでですから、リュックは石を担いでいるように重たいわけです。へえへえ言ってましてね。でも時折見えるキンバイとかトリカブトとかの花に癒されて登ることができましたけれどもね。急な登り坂でしたけれど、３時間ひたすら登っていきました。

風は涼しいのだけれども汗はしたたり落ちるし、足は痛い。あーここまで来たぞ。でも先は長いぞ。

それでも1歩1歩、牛の歩みのように遅くとも足を止めずに歩かねば頂上に着きませ

んから、自分に言い聞かせて、やっと頂上に着きました。子どものように大声で泣きたかった、辛かったからね。足、痛かったからね、重たかったからね。そして大雪山の神々に助けられてここまで来られたこと、嬉しかったからね、泣きたかった。でも、人がいたのでできませんでした。山頂まで登れたことに、神さまに感謝しながら祝詞を唱え、避難小屋までさらに1時間ほど歩いて行きました。今日は早く休憩しようと思って、夕方5時には横になりました。その後、次々と避難小屋に人が入ってくるんですね。8時消灯なのに、大声でしゃべっていてうるさくて眠れないのです。インチャがムスムス出て、「静かにしてくれ！」って、叫んでました。それでも少

し眠れまして、夜トイレに行ったらすばらしい満天の星空がありまして、あー明日も晴天だなと思いました。ほとんど眠れないまま3時45分に出発、ご来光を見るために1938メートルの桂月岳を目指しました。

桂月岳の山頂に到着したとき、ちょうど太陽が上がるところでした。オレンジ色の光が対岸の山から少しずつ出てきて、雲ひとつない空をオレンジ色に染めながら、太陽はどんどん上がっていきました。

そのさまをずっと沈黙して見つめていました。それはそれは美しい日の出でした。生きててよかったと心から思いました。私の人生の苦しみや悲しみはこの偉大な自然の織りなす美しさに比べたらほんとうにちっぽけなこ

とのように思えました。

桂月岳の神さまにお礼を申し上げ、避難小屋まで戻りリュックを担いで、さあ行こう！と自分に言い聞かせ、今日は一日、大変な縦走になるぞと思って心してのぞみました。

もう8月近いのに霜が降りていて、一面真っ白でした。それが朝日に照らされて輝いていました。千島栂桜《チシマツガザクラ》についた霜が溶けて、滴が朝日に照らされキラキラ輝いていました。ほんとうに美しかったです。

次に目指すは北鎮岳、２２４４メートル。歩いている人は誰ひとりいません。日陰を作る木々もありません。太陽は容赦なく照りつけます。空気が冷たいことが救いでした。ここは天国か地獄か。

右手に手つかずの人を寄せ付けない険しい凌雲岳が美しくそびえ立っていました。人が入れないためか何とも言えない風格をもつ神の山だと思いました。
右足全体が「もう歩きたくないんだよ！」とわめいています。子どもの頃、畑仕事を無理矢理手伝わされ、重い麦や思いミカンを背負い、山から降りてきた。あの頃も辛い仕事だったな、子どもなのに。それとこの山登りが重なって、「嫌だ、もう一歩も歩かない！」

というインチャが出てきてしまいました。まだ始まったばかりなのに、早々に嫌だインチャが出てきてしまってどうしようかと思いました。

それでもこの雄大なお鉢を東から北へ、そして南へと歩いて行けることは、この景色が見られただけでも、嬉しいことであります。

私は股関節が悪いので人の倍の時間をかけて歩かねばなりません。それでも大雪山の神さまが応援してくれていると思うと心が楽になりました。そして足が痛むとまた嫌だインチャが出てくる、で、大雪山の美しさを見ると心が楽になる、その繰り返しでした。

「なんで自分は縦走なんかしたんだ」と後悔も至極。

北鎮岳2244メートルを目指して、とにかくひたすら登って行きました。御鉢平の尾根づたいの周囲をぐるりと登って行きました。1時間半ほど登ると万年雪の溶けた水が川を作って流れていました。その水を汲んで飲ませてもらいました。水汲みのためにペットボトルを川の中に入れると5秒も経たないうちに手が痺れました。冷たかった。この水を飲むと力がついて、「やるぞー」という心が芽生えてきました。

やっと北鎮岳を右手に見て、そこで挨拶をし、2113メートルの中岳を目指しました。もう右足が限界、軋むように痛みます。どうしたらこの痛みを受けられるのか。どうしたらこの重みを受け入れられるのか、自分との戦いでした。

そうだ、もう死んでもいいんだ。

ここでこの世のものとは思えない程のこんな景色を見られただけでいいんだと思えてきました。

それでも容赦なく右足は痛みます。

とうとう、なんでこんな縦走を試みたんだと自分を責めた途端、肝臓がパンパンに腫れ始めます。苦しいと思う心が苦い胆汁を絞り出し、肝が腫れるのだろうと思いました。

重い足を引きずるように一歩一歩歩いていたら突然、「こうやって足が痛みながら歩くことで今までのカルマを精算しているんだよ」と誰かに言われたような気がしました。

私の股関節の痛み、右足の動かしにくさは前世、今世のカルマを解消しているんだ、そう思ったら、痛むこと、足が動かないこと、重いこと、それでも、それを受け入れ歩くんだと思えるようになってきました。

そうか、こうして私が苦しむことでひとつひとつカルマが綺麗になっているんだ。

ならばやる！　ならば歩く！　と決心しました。

少しでも私自身の犯した罪を償いたい一心だったからです。そうしたら、はじめて痛みがありがたいと思えるようになってきたのです。重さがありがたいと思うようになってきたのです。そしてそれを受け取ってくれた体にありがたいと思えてきました。そうしたらこの痛む股関節がありがたくて、ありがたくてしかたなくなりました。

人っ子ひとりいません。

中岳からお鉢を見ながら歩いて行きました。中岳分岐を過ぎて間宮岳に着きました。つかの間の休憩。

間宮岳から少し行くとその側面に万年雪が残っていて、その雪が笑っているんですよ。皆さん。その笑い顔になった残雪を見て、私は泣きました。この写真、私は笑ってるんじゃなくて、泣いているの。山が笑っていたんです。そして私にこう言ったのです。

「楽しんで行け。辛いことも悲しいことも笑い飛ばして行け」って。そう言ってくれたように思ったのです。この自然の中にいては、私の苦しみなど、こんなにちっぽけなんだってことを思い知らされました。

空を見れば雲ひとつない青空。どこまでもどこまでも山脈が続く雄大な風景。そしてこの山が笑っている姿を見たら、自分が悩んでいること、そんなことはちっぽけなことのように思われ、どうでもいいことのように思われてきました。どうでもいいことに自分は苦しんでいた。いかに自分が小さな存在、とるに足らない存在、無価値な存在であるかが身に染みてわかりました。己のちっぽけさ、とるに足らなさ、器の小ささ、未熟さ、それを

突き付けられまして、そんな未熟で弱い自分が思い出され、それを思い出させてくれた、教えてくれた大雪山の神々たちに心から感謝の気持ちが溢れ、涙が溢れ出たわけです。

私たちは所詮、人間なのです。何もかもが未熟で、何も知らず、何もほんとうにはわかっていない、ほんとうにとるにたらない存在で、小さなことに悩み、小さなことで苦しんでいる人間なのです。

愛が小さく、人も自分も許すことができません。だけど人間なんだからそれでいいのです。そのちっぽけな人間である自分を認めない限り、そしてそんなちっぽけな自分が許されない限り、ほんとうに自然に生きることなどできないのです。

ちっぽけで価値のない自分を神仏に許してもらい、そしてやがてそんなちっぽけで価値のない自分を微笑んで、笑って、許せるようになったら、そのときは、自分が神仏になったということです。

自分の中にないものに心動かされることはありません。

あの笑っている山は、まぎれもない、私の中にある、神聖な私自身です。

私の中にあの山と同じ微笑み、同じ優しさ、同じ許し、同じ愛があるということです。

あの青空と同じ澄み切ったものをもっているということです。

あの果てしない山並みと同じ、限りないもの、果てしないものをもっているということです。

大雪山の神の懐に抱かれて、神の愛に包まれて、このようなことを教えてもらいました。大雪山の火山群を「カムイミンタラ」、アイヌ語で「神々が遊ぶ庭」と呼ばれています。誠になぁ、神々がここを楽しんでいるように思えるぐらい、そんな絶景なのです。

そしていよいよ旭岳が富士山のような形で目の前にそびえています。

「うわー、いったん下りて上るんだ」。満行《まんぎょう》するためには、行かざるを得ません。途中雪もあり、滑る雪の道しか登る道はありません。

ここを登るのか—私には到底無理じゃないか。

残雪があり、アイゼンもピッケルもない。それよりなにより急勾配で、地下足袋の私は登れるのだろうか？　この股関節で踏ん張れるだろうか。踏ん張らなければ真っ逆さまに転げ落ちる。

這いつくばるようにして雪を登って行きました。一歩一歩くごとに股関節が軋みます。

しかし、踏ん張らねば、真っ逆さまに転げ落ちると自分に言い聞かせて登っていきました。

やっと雪を抜けました。その次は砂砂利です。地下足袋がズボズボ入って足が抜けない。

そこをやっとこさ抜けると今度は硬い土と砂利。ズルズル滑って足元に力が入らず、２歩進んで１歩下がる。掴む木も石もない。四つん這いになって這って登っていく。頂上には雲がモクモク上がっていた。

やっとやっと北海道最高峰の旭岳の山頂に着きました。もう精魂も尽き果て、２２９１メートルの標識に抱きつきました。

ここに私は来られたんだ。私は縦走できたんだ。引き返すこともできず、進むしかありませんでした。まだ私は山を楽しむ、山と遊ぶとまではいきませんが、この苦しみの意味、痛みの意味が知れたことが何よりも収穫でした。もう足の痛みは頂点に達していました。けれどこれから降りて行かねばなりません。

眼下には旭岳の表側が見え、地獄のように硫黄が何か所も煙を上げています。

下山は3時間もかかりましたが、8回も転びながら、転ぶ都度、今までの自分の至らなさやカルマを祓っていることを心に染み込ませ降りて行きました。

私は大雪山を縦走できたんだ。大雪山の大神さまに守られ、やっと縦走できた。

苦しみをありがとう。苦しみを楽しむコツも教えてもらい、苦しみをありがたく受け取るそういう心もできました。ほんとうにここに来てよかった。

ありがとう大雪山。神々が遊ぶ庭「カムイミンタラ」。

合掌

皆さま、長い間、聞いていただきありがとうございました。
これをもって私の講演は終わります。

■講演者紹介　由井寅子（ゆい・とらこ）

ホメオパシー名誉博士／ホメオパシー博士（Hon.Dr.Hom／Ph.D.Hom）
日本ホメオパシー医学協会（JPHMA）名誉会長
英国ホメオパシー医学協会（HMA）認定ホメオパス
英国ホメオパス連合（ARH）認定ホメオパス
カレッジ・オブ・ホリスティック・ホメオパシー（CHhom）学長
農業法人 日本豊受自然農株式会社代表

著書、訳書、DVD多数。

代表作に『キッズ・トラウマ』『バイタル・エレメント』『ホメオパシー的信仰』『インナーチャイルド癒しの実践DVD』『インナーチャイルドの理論と癒しの実践』『病原体とインナーチャイルド』など（以上ホメオパシー出版）、『毒と私』（幻冬舎メディアコンサルティング）がある。

■ Torako Yui オフィシャルサイト http://torakoyui.com/

幸せに生きられる
ZENホメオパシー4
カルマとインナーチャイルド
楽しんで行け
辛いことも悲しいことも
笑い飛ばして行け
■生涯を通し真に正しく生きる指針となる！
2019年8月のお盆講演を収録。とらこ先生が洞察したカルマ論は目からウロコの必聴。病気などの背景、その本質を理解し、肯定的に受けとることで幸せが増えた3つのケースはどれも一見の価値あり。
■幸せに生きられるZENホメオパシー4　カルマとインナーチャイルド［DVD］
DVD全編：2時間59分／価格：1,000円＋税／2019年8月11日 東京講演を収録
■ホメオパシー出版のホームページなどでお買い求めください
ホメオパシー出版

幸せに生きられる ZEN ホメオパシー 1

新・ホメオパシー入門

由井寅子 講演／著　四六判・144 頁　1,200 円+税
2018 年の講演録をもとに『由井寅子のホメオパシー入門』を大幅改訂。体と心と魂を三位一体で治癒に導く ZEN ホメオパシーをわかりやすく解説した新・入門書。ホメオパシーの基本原理から、インチャ癒しや霊性向上、マヤズム、科学的な根拠など、最新の情報も網羅する。

幸せに生きられる ZEN ホメオパシー 2

病原体とインナーチャイルド[DVD][BOOK]

由井寅子 講演／著　［DVD］全編 2 時間 34 分　1,000 円+税
［BOOK］四六判・160 頁　1,300 円+税
2018 年 4 月 8 日新潟講演を収録した DVD と、同講演録にエピソードなど一部加筆、編集した BOOK。感染症を克服することでインナーチャイルドが癒され、この世的価値観が緩むという、病原体の役割・必要性を解説する。〈BOOK 英語版あり〉

幸せに生きられる ZEN ホメオパシー 3

お彼岸とインナーチャイルド[DVD][BOOK]

由井寅子 講演／著　［DVD］全編 2 時間 57 分　1,000 円+税
［BOOK］四六判・160 頁　1,300 円+税
2018 年 9 月 22 日の講演を収録した DVD と、同講演録に加筆・編集した BOOK。死という終わりがあるからこそ生が輝く。死後、ほんとうの人生を彩るための極意が語られる。これぞ彼岸に至る道。会得するためのヒントが満載！

幸せに生きられる ZEN ホメオパシー 5

信仰心を目覚めさせ幸せに生きる！①[DVD][BOOK]

由井寅子 講演／著　［DVD］全編 2 時間 40 分　1,000 円+税
［BOOK］四六判・152 頁　1,300 円+税
2019 年 3 月 9 日の名古屋講演を収録した DVD と、同講演録に加筆、編集した BOOK。比叡山でのおみくじをきっかけに、深い信仰心が目覚めるまでを、実直に語る姿が胸を打つ。信仰心を取り戻し幸せに生きる、ふたつのケースも多くの感動を呼ぶ。

ご購入は **ホメオパシー出版ホームページ** で
http://www.homoeopathy-books.co.jp/
QRコード →

インナーチャイルドの理論と癒しの実践

初心者からプロのセラピストまで

由井寅子 著　四六判・248 頁　1,500 円+税
まったく新しい心理学とも言える、インナーチャイルド概論。インチャが生まれる過程を、段階を追って解説する。また、病気の土壌となりうるマヤズムとの関係や、インチャの癒し方まで、全てを網羅し、凝縮した一冊。〈英語版あり〉

人生は負けるためにある

インナーチャイルド癒しの実践8 講演録

由井寅子 講演／著　四六判・192 頁　1,300 円+税
インナーチャイルド癒しの入門書として最適。DVD化された2017年札幌講演と、同年・東京講演の講演録から抜粋、編集した、講演録シリーズ第一弾。講演会では語り尽くせなかったエピソードなど一部加筆し、より詳細に知ることができ、理解も深まる。〈英語版あり〉

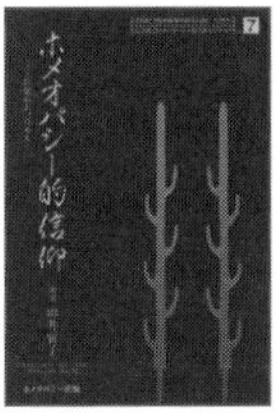

ホメオパシー的生き方シリーズ　⑦ホメオパシー的信仰

目覚めよ、日本人！

由井寅子 著　四六判・244 頁　1,300 円+税
信仰心とは大いなる存在に生かされていることに対する感謝の念。大いなるものを敬い、畏怖する心。失われた信仰心、日本人としての誇りを取り戻せば、この苦難をきっと乗り越えられる！　命の本質と生きることの意味を明らかにする、日本人の必読書。〈英語版あり〉

インナーチャイルド癒しの実践1～8

由井寅子のホメオパシー講演 DVDシリーズ

由井寅子 講演（各２時間前後）　サイズ 190×136×14mm　各1,300 円+税
インナーチャイルド癒しとは、抑圧した感情の解放と価値観の解放のこと。毎回テーマをもち、癒すための実践的な方法を明らかにする。つらく苦しい出来事を感謝に変え、人生を幸せにするためのDVDシリーズ。感動のケースも必見だ。〈1, 4～8 英語版あり〉

1　2　3　4　5　6　7　8

幸せに生きられるZENホメオパシー 4

カルマとインナーチャイルド

2019年12月31日　初版 第一刷 発行

講演者　由井 寅子

発行所　ホメオパシー出版株式会社
〒158-0096　東京都世田谷区玉川台2-2-3
TEL:03-5797-3161　FAX:03-5797-3162
E-mail　info@homoeopathy-books.co.jp
ホメオパシー出版　http://homoeopathy-books.co.jp/

Printed in Japan.
ISBN 978-4-86347-126-9 C0015
落丁・乱丁本はお取替えいたします。